HENRI MICHAUX

Face
aux verrous

*Nouvelle édition
revue et corrigée*

GALLIMARD

I

mouvements *

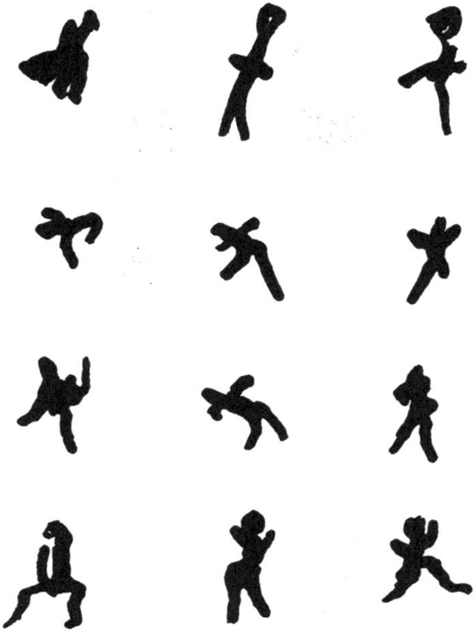

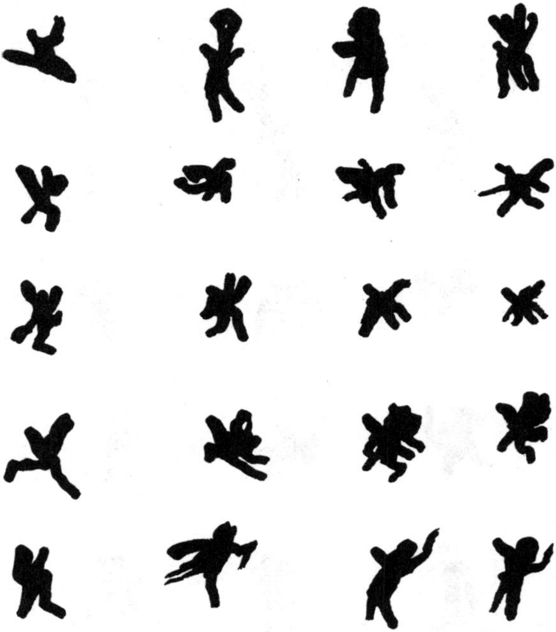

Contre les alvéoles
contre la colle
la colle les uns les autres
le doux les uns les autres

Cactus!
Flammes de la noirceur
impétueuses
mères des dagues
racines des batailles s'élançant dans la
    plaine

Course qui rampe
rampement qui vole
unité qui fourmille
bloc qui danse

Un défenestré enfin s'envole
un arraché de bas en haut
un arraché de partout
un arraché jamais plus rattaché

Homme arc-bouté
homme au bond
homme dévalant
homme pour l'opération éclair
pour l'opération tempête
pour l'opération sagaie
pour l'opération harpon
pour l'opération requin
pour l'opération arrachement

Homme non selon la chair
mais par le vide et le mal et les flammes
      intestines
et les bouffées et les décharges nerveuses
et les revers
et les retours
et la rage
et l'écartèlement
et l'emmêlement
et le décollage dans les étincelles

Homme non par l'abdomen et les plaques
      fessières

mais par ses courants, sa faiblesse qui se
    redresse aux chocs
ses démarrages
homme selon la lune et la poudre brûlante
    et la kermesse en soi du mouvement
    des autres
selon la bourrasque et le chaos jamais
    ordonné
homme, tous pavillons dehors, claquant au
    vent bruissant de ses pulsions
homme qui rosse le perroquet
qui n'a pas d'articulations
qui ne fait pas d'élevage

homme-bouc
homme à crêtes
à piquants,
à raccourcis
homme à huppe, galvanisant ses haillons
homme aux appuis secrets, fusant loin de
    son avilissante vie

Désir qui aboie dans le noir est la forme
    multiforme de cet être

Élans en ciseaux
en fourches

élans rayonnés
élans sur toute la Rose des vents

Au vacarme
au rugissement, si l'on donnait un corps...
Aux sons du cymbalum, à la foreuse per-
    çante
aux trépignements adolescents qui ne
    savent encore
ce que veut leur poitrine qui est comme
    si elle allait éclater
aux saccades, aux grondements, aux défer-
    lements
aux marées de sang dans le cœur
à la soif
à la soif surtout
à la soif jamais étanchée
si l'on donnait un corps...

Ame du lasso
de l'algue
du cric, du grappin et de la vague qui
    gonfle
de l'épervier, du morse, de l'éléphant ma-
    rin
âme triple
excentrée
énergumène

âme de larve électrisée venant mordre à
    la surface
âme des coups et des grincements de dents
âme en porte à faux toujours vers un nou-
    veau redressement

Abstraction de toute lourdeur
de toute langueur
de toute géométrie
de toute architecture
abstraction faite, VITESSE!

Mouvements d'écartèlement et d'exaspé-
    ration intérieure plus que mouvements
    de la marche
mouvements d'explosion, de refus, d'éti-
    rement en tous sens
d'attractions malsaines, d'envies impos-
    sibles
d'assouvissement de la chair frappée à la
    nuque
Mouvements sans tête
A quoi bon la tête quand on est débordé?
Mouvements des replis et des enroulements
    sur soi-même
et des boucliers intérieurs

mouvements à jets multiples
mouvements à la place d'autres mouve-
    ments
qu'on ne peut montrer, mais qui habitent
    l'esprit
de poussières
d'étoiles
d'érosion
d'éboulements
et de vaines latences

Fête de taches, gamme des bras
mouvements
on saute dans le « rien »
efforts tournants
étant seul, on est foule
Quel nombre incalculable s'avance
ajoute, s'étend, s'étend!
Adieu fatigue
adieu bipède économe à la station de culée
    de pont
lè fourreau arraché
on est autrui
n'importe quel autrui
On ne paie plus tribut
une corolle s'ouvre, matrice sans fond
La foulée désormais a la longueur de l'es-
    poir
le saut a la hauteur de la pensée

on a huit pattes s'il faut courir
on a dix bras s'il faut faire front
on est tout enraciné, quand il s'agit de
tenir
Jamais battu
toujours revenant
nouveau revenant
tandis qu'apaisé le maître du clavier feint
le sommeil

Taches
taches pour obnubiler
pour rejeter
pour désabriter
pour instabiliser
pour renaître
pour raturer
pour clouer le bec à la mémoire
pour repartir

Bâton fou
boomerang qui sans cesse revient
revient torrentiellement
à travers d'autres
reprendre son vol

Gestes
gestes de la vie ignorée

de la vie
de la vie impulsive
et heureuse à se dilapider
de la vie saccadée, spasmodique, érectile
de la vie à la diable, de la vie n'importe
     comment

Gestes du défi et de la riposte
et de l'évasion hors des goulots d'étrangle-
     ment
Gestes de dépassement
du dépassement
surtout du dépassement
(*pré-gestes* en soi, beaucoup plus grands que
     le geste, visible et pratique qui va
     suivre)

Emmêlements
attaques qui ressemblent à des plongeons
nages qui ressemblent à des fouilles
bras qui ressemblent à des trompes

Allégresse de la vie motrice
qui tue la méditation du mal
on ne sait à quel règne appartient
l'ensorcelante fournée qui sort en bondis-
     sant

animal ou homme
immédiat, sans pause
déjà reparti
déjà vient le suivant
instantané
comme en des milliers et des milliers de
        secondes
une lente journée s'accomplit

La solitude fait des gammes
le désert les multiplie
arabesques indéfiniment réitérées

Signes
non de toit, de tunique ou de palais
non d'archives et de dictionnaire du savoir
mais de torsion, de violence, de bouscule-
        ment
mais d'envie cinétique

Signes de la débandade, de la poursuite et
        de l'emportement
des poussées antagonistes, aberrantes, dis-
        symétriques
signes non critiques, mais déviation avec
        la déviation et course avec la course
signes non pour une zoologie

mais pour la figure des démons effrénés
accompagnateurs de nos actes et contra-
    dicteurs de notre retenue

Signes des dix mille façons d'être en équi-
    libre dans ce monde mouvant qui se
    rit de l'adaptation
Signes surtout pour retirer son être du
    piège de la langue des autres
faite pour gagner contre vous, comme une
    roulette bien réglée
qui ne vous laisse que quelques coups
    heureux
et la ruine et la défaite pour finir
qui y étaient inscrites
pour vous, comme pour tous, à l'avance
Signes non pour retour en arrière
mais pour mieux « passer la ligne » à chaque
    instant
signes non comme on copie
mais comme on pilote
ou, fonçant inconscient, comme on est
    piloté

Signes, non pour être complet, non pour
    conjuguer
mais pour être fidèle à son « transitoire »
Signes pour retrouver le don des langues

la sienne au moins, que, sinon soi, qui la
    parlera?
Écriture directe enfin pour le dévidement
    des formes
pour le soulagement, le désencombrement
    des images
dont la place publique-cerveau est en ce
    temps particulièrement engorgée

Faute d'aura, au moins éparpillons nos
    effluves.

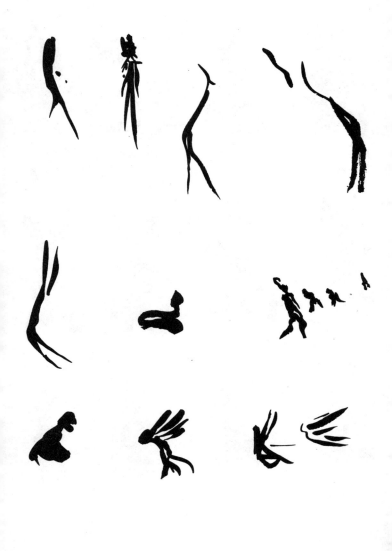

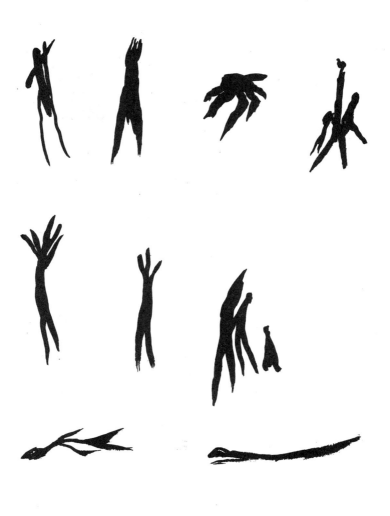

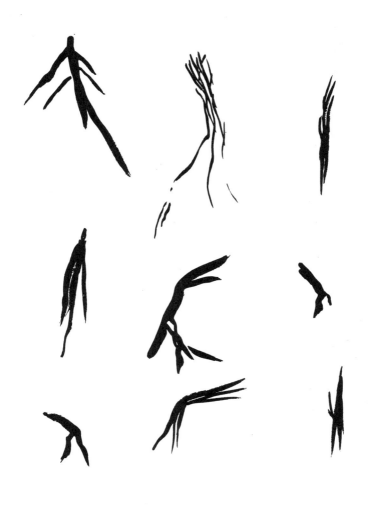

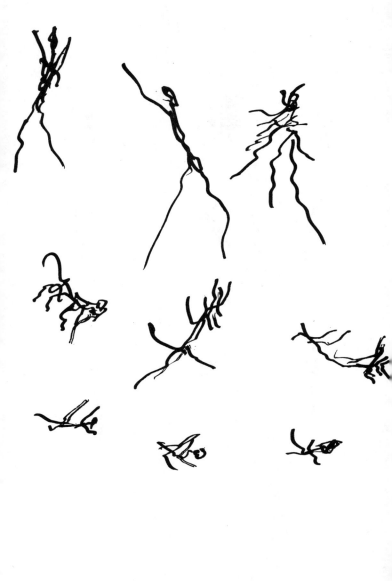

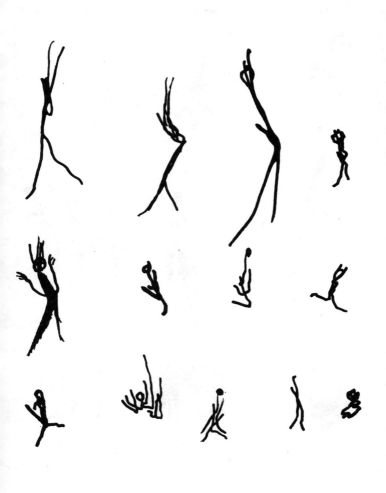

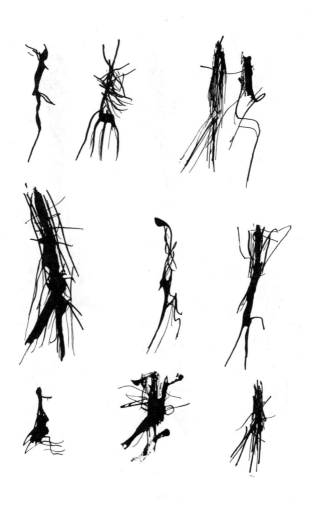

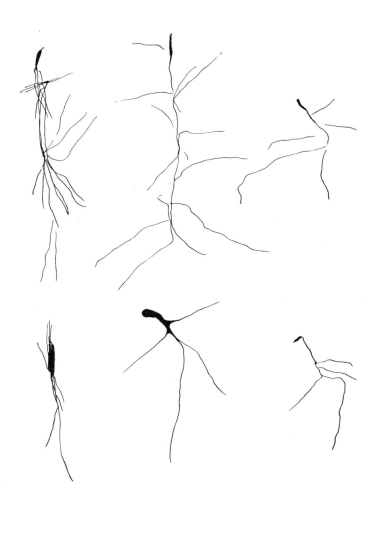

II

poésie pour pouvoir

JE RAME

J'ai maudit ton front ton ventre ta vie
J'ai maudit les rues que ta marche enfile
Les objets que ta main saisit
J'ai maudit l'intérieur de tes rêves

J'ai mis une flaque dans ton œil qui ne
    voit plus
Un insecte dans ton oreille qui n'entend
    plus
Une éponge dans ton cerveau qui ne com-
    prend plus

Je t'ai refroidi en l'âme de ton corps
Je t'ai glacé en ta vie profonde
L'air que tu respires te suffoque
L'air que tu respires a un air de cave
Est un air qui a déjà été expiré
qui a été rejeté par des hyènes

Le fumier de cet air personne ne peut plus
    le respirer

Ta peau est toute humide
Ta peau sue l'eau de la grande peur
Tes aisselles dégagent au loin une odeur
    de crypte

Les animaux s'arrêtent sur ton passage
Les chiens, la nuit, hurlent, la tête levée
    vers ta maison
Tu ne peux pas fuir
Il ne te vient pas une force de fourmi au
    bout du pied
Ta fatigue fait une souche de plomb en
    ton corps
Ta fatigue est une longue caravane
Ta fatigue va jusqu'au pays de Nan
Ta fatigue est inexprimable

Ta bouche te mord
Tes ongles te griffent
N'est plus à toi ta femme
N'est plus à toi ton frère
La plante de son pied est mordue par un
    serpent furieux

On a bavé sur ta progéniture
On a bavé sur le rire de ta fillette
On est passé en bavant devant le visage
    de ta demeure

Le monde s'éloigne de toi

Je rame
Je rame
Je rame contre ta vie
Je rame
Je me multiplie en rameurs innombrables
Pour ramer plus fortement contre toi

Tu tombes dans le vague
Tu es sans souffle
Tu te lasses avant même le moindre effort

Je rame
Je rame
Je rame

Tu t'en vas, ivre, attaché à la queue d'un
    mulet
L'ivresse comme un immense parasol qui
    obscurcit le ciel

Et assemble les mouches
L'ivresse vertigineuse des canaux semi-
        circulaires
Commencement mal écouté de l'hémiplégie
L'ivresse ne te quitte plus
Te couche à gauche
Te couche à droite
Te couche sur le sol pierreux du chemin
Je rame
Je rame
Je rame contre tes jours

Dans la maison de la souffrance tu entres

Je rame
Je rame
Sur un bandeau noir tes actions s'inscrivent
Sur le grand œil blanc d'un cheval borgne
        roule ton avenir

JE RAME

A TRAVERS MERS ET DÉSERT

Efficace comme le coït avec une jeune fille
    vierge
Efficace
Efficace comme l'absence de puits dans le
    désert
Efficace est mon action
Efficace

Efficace comme le traître qui se tient à
    l'écart entouré de ses hommes prêts à
    tuer
Efficace comme la nuit pour cacher les
    objets
Efficace comme la chèvre pour produire des
    chevreaux
Petits, petits, tout navrés déjà

Efficace comme la vipère

Efficace comme le couteau effilé pour faire
    la plaie
Comme la rouille et l'urine pour l'entre-
    tenir
Comme les chocs, les chutes et les secousses
    pour l'agrandir
Efficace est mon action

Efficace comme le sourire de mépris pour
    soulever dans la poitrine du méprisé
    un océan de haine, qui jamais ne sera
    asséché
Efficace comme le désert pour déshydrater
    les corps et affermir les âmes
Efficace comme les mâchoires de l'hyène
    pour mastiquer les membres mal dé-
    fendus des cadavres
EFFICACE
Efficace est mon action

AGIR, JE VIENS

Poussant la porte en toi, je suis entré
Agir, je viens
Je suis là
Je te soutiens
Tu n'es plus à l'abandon
Tu n'es plus en difficulté
Ficelles déliées, tes difficultés tombent
Le cauchemar d'où tu revins hagarde n'est
    plus
Je t'épaule
Tu poses avec moi
Le pied sur le premier degré de l'escalier
    sans fin
Qui te porte
Qui te monte
Qui t'accomplit

Je t'apaise
Je fais des nappes de paix en toi

Je fais du bien à l'enfant de ton rêve
Afflux
Afflux en palmes sur le cercle des images
      de l'apeurée
Afflux sur les neiges de sa pâleur
Afflux sur son âtre... et le feu s'y ranime

AGIR, JE VIENS
Tes pensées d'élan sont soutenues
Tes pensées d'échec sont affaiblies
J'ai ma force dans ton corps, insinuée
...et ton visage, perdant ses rides, est ra-
      fraîchi
La maladie ne trouve plus son trajet en toi
La fièvre t'abandonne

La paix des voûtes
La paix des prairies refleurissantes
La paix rentre en toi

Au nom du nombre le plus élevé, je t'aide
Comme une fumerolle
S'envole tout le pesant de dessus tes
      épaules accablées
Les têtes méchantes d'autour de toi
Observatrices vipérines des misères des
      faibles

Ne te voient plus
Ne sont plus

Équipage de renfort
En mystère et en ligne profonde
Comme un sillage sous-marin
Comme un chant grave
Je viens
Ce chant te prend
Ce chant te soulève
Ce chant est animé de beaucoup de ruis-
    seaux
Ce chant est nourri par un Niagara calmé
Ce chant est tout entier pour toi

Plus de tenailles
Plus d'ombres noires
Plus de craintes
Il n'y en a plus trace
Il n'y a plus à en avoir
Où était peine, est ouate
Où était éparpillement, est soudure
Où était infection, est sang nouveau
Où étaient les verrous est l'océan ouvert
L'océan porteur et la plénitude de toi
Intacte, comme un œuf d'ivoire.

J'ai lavé le visage de ton avenir.

III

tranches de savoir

Là, l'homme ennuyé s'enkyste. Toujours quelques années de gagnées...

*

Il lui tranche la tête avec un sabre d'eau, puis plaide non coupable et le crime disparaît avec l'arme qui s'écoule.

*

Il n'est pas rare qu'un fils de Directeur de Zoo naisse les pieds palmés. C'est néanmoins, comme tout malheur, une surprise. Cependant que l'enfant est évacué vers l'Extrême-Nord où l'on espère qu'il se confondra avec la présentation d'une nature plus appropriée, la famille, de secrète qu'elle était, devient extrêmement, infiniment secrète. Qui peut se vanter d'avoir

connu à fond la famille d'un directeur de
Zoo?

*

Quand un borgne arrive à la gare des
boiteux, il y a rassemblement. Et si c'est
un paralytique qui arrive, il y a rassem-
blement, il y a mécontentement, il y a mal-
veillance dans les expressions, et aisance
du diable et salut à la terre. Mais il est
refoulé de la gare et des abords de la gare,
qui n'est pas la sienne, avec mépris et com-
mandement qu'il s'en aille puisque aussi
bien il a trouvé quelqu'un dans le filet de
la pitié pour se faire traîner partout où il
lui plaît. Qu'il parte, profitant de sa veine
exorbitante. La gare des boiteux est suf-
fisamment encombrée.

*

L'éléphant avec une fracture du bas-
sin voudrait être petit, tout petit, petit,
comme une araignée jeunette que le vent
emporte, s'il est un peu soudain, emporte,
enroule, enlève dans les cieux de la faci-
lité, des prolongements, de la perpétua-
tion, loin, loin, loin, au-delà des plumes,
des peluches, des sphérules, sans un os du

poids d'un cil, sans un seul os, sans en
avoir besoin, dans la vie, dans la vie en
l'air, dans la vie repartie.

*

Je fus le vivant qui dit : « Je veux
d'abord hiverner. »

*

Ne pas se laisser condamner à défaire
les chignons de bronze.

*

Nous passions nos journées, enfants, à
Prétoria, à voir grossir un gros, gros hippo-
potame, atteint de dégénérescence gazeuse
qui grossissait, qui grossissait, et nous avec
l'appréhension au cœur de l'éclatement, et
lui qui grossissait, chaque jour qui grossis-
sissait, qui grossissait toujours. Qu'est-ce
qu'il a pu devenir?

*

Comme on détesterait moins les hommes
s'ils ne portaient pas tous figure.

*

Je dus remonter une rivière bombée. Quels efforts! J'en cassai des avirons, je n'en avais pas dix paires et il me fallait les réparer vite, ne pas me laisser rejeter sur les rives. Ce qu'il faut lutter par moments!

*

Les raies cornues ne tombent pas des arbres. Elles n'y grimpent pas non plus. Il reste encore dans la nature de saines séparations.

*

A huit ans, je rêvais encore d'être agréé comme plante.

*

On crie pour taire ce qui crie. Le montreur de girafes cache un nain. Le montreur d'ours cache un chauve.

*

« Aidons les vaches à ruminer », dit le bienveillant, posant sa fourchette un instant.

*

Le relâchement de vieilles bretelles soulage moins que l'envol de jeunes tourterelles.

*

Des chevaux qui à la place de queue auraient un fouet ne se feraient pas cochers.

*

Souvenir de fœtus : Je me décidai un jour à porter bouche. Foutu! Dans l'heure, je m'acheminai, irrésistiblement, vers le type bébé d'homme.

*

« Venez céans », dit le squale, et il le mangea. Le squale était mangeur d'hommes, mais l'époque était polie.

*

Quand vous ameroseriez des bastres à clivettes, encore que cafouette n'en dore, venez glytons, venez gelés et lovogrammes, l'heure d'Orque a sonné, grand Listafu!

*

G. a la jaunisse prophétique. Pas une guerre immédiatement avant laquelle il ne fasse un ictère. « Le surveiller, cette année, dit sa nièce, qu'il ne prenne pas froid. »

*

Incube sachant aussi laver.

*

New-York vu par un chien doit se baisser.

*

Savoir aromatiser ses pertes.

*

Celui qui parle de lion à un passereau s'entend répondre : tchipp.

*

On annonce à nouveau la gamme à faire crouler les cathédrales. Minute! Trop souvent déjà il a fallu déchanter. Inventeurs insuffisants, trop tôt repartis à la reconstruction. Cependant, le monument alerté à son tour bourdonnait, les cathédraleux, les mains dans les manches, se répandaient au dehors pour une nouvelle inondation, et tout était à recommencer... en plus difficile.

*

Dans le melon, un cœur battait.

*

On ne voit pas les virgules entre les maisons, ce qui en rend la lecture si difficile et les rues si lassantes à parcourir.

La phrase dans les villes est interminable. Mais elle fascine et les campagnes sont désertées des laboureurs autrefois courageux qui maintenant veulent se rendre compte par eux-mêmes du texte admirablement retors, dont tout le monde parle, si malaisé à suivre, le plus souvent impossible.

Ce qu'ils tentent de faire pourtant, ces opiniâtres travailleurs, marchant sans arrêt, lapant au passage les maladies des égouts et la lèpre des façades, plutôt que le sens qui se dérobe encore. Drogués de misère et de fatigue, ils errent devant les étalages, égarant parfois leur but, leur recherche jamais... et ainsi s'en vont nos bonnes campagnes.

*

Parmi les débris râpés de tout âge, le vent, à ce qu'il semble, ne vieillit pas.

*

La chemise de l'apiculteur pique.

*

Heure du moulin : Les malaises tournent.

*

Tout va bien, dit le bourreau. La situation du malheur est prospère.

*

Ne désespérez jamais. Faites infuser davantage.

*

Dans l'intérieur des viscères d'une libellule, il retrouve son pauvre enfant disparu depuis un an.

Quelle émotion! Quel choc pour un père! Quel anéantissement!

Après quoi, il abandonne l'entomologie, les études sur les tardigrades, qui le passionnaient tellement, et le spectacle décidément terrible de ce monde qu'il ira cacher derrière des lunettes obscurcissantes.

Non, il ne veut plus rien voir. Il est comme fou.

Mais, je le demande, qui, quelle brute même, ne le serait, à sa place?

*

Fille indécise ne doit pas se voir avec son rabat-jupe.

*

Ceux qui ont lu *Bikini* en toutes lettres dans la Bible, et même que Moïse aurait dit « Et faites bien attention... en ce temps-là ».

*

Tour Eiffel, mais part à trois.

*

Qui a eu le loisir d'observer l'ombre d'une panthère sur un daim courant? Oh! cette exquise ombre sur cette fourrure de velours, et qui tremble, exquise, mais si vite s'épaississant, s'agrandissant jusqu'à... mais ne sortons pas de ce moment unique, phénomène si délicat, masqué trop tôt par la suite tumultueuse et brutale. Seul un peintre (assez bon tireur pour ne pas tirer prématurément ni perdre la tête et l'occasion de cette délectation si rare), seul un peintre et particulièrement sensuel en ombres, peut avoir fait l'observation désirée, dans un esprit d'abandon, de rigueur et de plénitude convenable. Et encore, je doute. A quel chasseur, quel qu'il soit, peut-on vraiment se fier?

*

Attention au bourgeonnement! Écrire plutôt pour court-circuiter.

*

Rêve chevalin : Cheval, ayant mangé son chariot, contemple l'horizon.

*

Faites pondre le coq, la poule parlera.

*

La fournaise à échauffer les têtes fonctionne bien certaines années. Pendant les autres, elle n'a pas la quantité de rayons voulue et des millions d'êtres sur cette planète insuffisamment criblée, laissent s'écouler, sans un vrai sursaut, une vie aux étapes insensibles, les yeux fixés avec fascination sur les époques historiques de calamités et de grandeur tragique, où l'on n'avait pas à boucher les années simplement avec des jours, des jours, toujours des jours.

*

Les oreilles dans l'homme sont mal défendues. On dirait que les voisins n'ont pas été prévus.

*

Les pieds n'approuvent pas le visage,
ils approuvent la plage.

*

Lacet d'ambassadeur ne casse que de-
vant Altesses Royales.

*

Les pins, tous les résineux, sont des
arbres sociaux. C'est un fait. Le pommier,
lui, vit toujours seul. Le pommier, sau-
vage, s'entend. Mais tout pommier guette
le moment de redevenir sauvage, de vivre
seul à nouveau, avec de tout petits fruits,
acides et jolis (pas enflés du tout). Vrai,
on n'aurait pas cru ça du pommier.

*

Les insectes civilisés ne comprennent pas
que l'homme ne secrète pas son pantalon.
Les autres insectes ne trouvent là rien
d'extraordinaire.

*

Taciturne en montagne, bavard en plaine.

*

« Papa, fais tousser la baleine », dit l'enfant confiant.

*

Ma vie : Traîner un landau sous l'eau. Les nés-fatigués me comprendront.

*

Le méfiant construit un autostrade relevable.

*

Le Thibétain, sans répondre, sortit sa trompe à appeler l'orage et nous fûmes copieusement mouillés sous de grands éclairs.

*

On se sert, au Siam, de la docilité du tigre à écouter ses instincts cruels pour

l'attirer sur un agneau bêlant au-dessus
d'une fosse profonde où il périra ensuite,
fumant de rage de s'être si sottement laissé
deviner par des petits êtres, salauds et
lâches, qui ne le valent en rien.

*

Savon ne contemple pas la crasse.

*

Tout n'est pas dur chez le crocodile.
Les poumons sont spongieux, et il rêve sur
la rive.

*

Scaphandrier voulant saisir une épingle
pleure ou tremble.

*

Colle tout, même le vent.

*

Il ne trouve pas les nuits suffisamment
noires. Il voudrait encore les opacifier.

*

La comédie des feuilles, n'allez pas la jouer aux arbres.

*

Il voulait visiter la maison, mais seulement sens dessus dessous. Il lui fallut, quoi qu'il promît, s'incliner devant le caractère exagérément peu maniable de la chose bâtie, et retraiter dans l'amertume et le dégoût en attendant une guerre libératrice de destinées.

*

Pour boire dans le corps d'un infusoire, il faut se faire petit, petit-petit, comme d'ailleurs pour toute découverte importante. Mais quelle nourriture alors, légère, fine, aérienne, substance de substance, et dont, qui l'a goûtée, jamais plus ne se peut désenivrer.

*

Poumons malades écoutent les roseaux gémir.

*

Chicago, ayant souffert d'une période de silence, demande un automate hurleur.

*

Avalez les rivets, le croiseur se désagrège et l'eau retrouve sa tranquillité.

*

Bêtes qui ne vivraient que dans le feu. En faire l'élevage, vivement mené, par exemple dans les grands incendies des Landes, jusqu'ici presque totalement improductifs. En garder des souches de choix à petit feu, pendant les saisons mortes, au printemps, en hiver. Les feux des hauts fourneaux peuvent être trop chauds, la flamme de la bougie trop froide, elles s'y œdématiseraient.

*

Paix de parricide irrite les magistrats.

*

Il devait retenir son œil avec du mastic. Quand on en est là...

*

Fait divers : Fémur reconnu par un mort.

*

A chaque siècle sa messe. Celui-ci, qu'attend-il pour instituer une grandiose cérémonie du dégoût?

*

Le gratte-ciel en verre d'Aldington. Quelle luminosité! Mais il ne résiste pas aux cyclones. C'est alors un beau bruit et on se retrouve par terre avec beaucoup de verre. Le vitrier passé, quelle lumière à nouveau, quelle merveille, quelle vie en plein ciel, jusqu'à ce que... etc.

*

Un veau voulait naître à nouveau. C'était pour quelques observations à faire, prétendait-il, qu'il n'avait pu faire. Ce veau, on le devine, était un garçon. Seul, un jeune homme peut ainsi se tromper sur soi.

*

Mme D... accoucha d'un enfant qui, sous les regards atterrés, dans les douze heures suivantes se fossilisa. Mauvais début pour une jeune mère, très mauvais début. Mais bon début pour une maladie nerveuse, excellent début qui tient presque du miracle, quoiqu'on ne soit sûr de rien avec les femmes. Rencontrant un homme plaisant elle pourrait encore se laisser aller aux distractions.

*

Un adolescent rêve qu'il pâture sous l'eau. On demande sa vie, de quelles études il sera capable, de quel amour, de quelles situations. Comment l'empêcher de prendre dans la volupté une position à laquelle il semble voué, et qui va lui faire en tout le reste le plus grand tort? Que lui donner à la place? Ou faut-il le tuer sans attendre?

*

Les jeunes consciences ont le plumage raide et le vol bruyant.

*

Auberge de boues molles pour poissons passant la nuit hors de l'eau.

*

Ambassadrices : La grimace est à l'intérieur.

*

Mendiant, mais gouverneur d'une gamelle.

*

Le matin, quand on est abeille, pas d'histoires, faut aller butiner.

*

Qui sait raser le rasoir saura effacer la gomme.

*

Mort, moulu, mité et encore Charlemagne!

*

Enfant rejetant le pain, prend la fuite dans le poivre, mais n'entend plus le père.

*

Pour débaucher des pouliches, il faut d'abord habiter la campagne. Il est recommandé aussi de se croire au moyen âge. Il est à conseiller d'écarter les femelles trop impressionnables. Il faut encore se sentir, au moins obscurément, panthéiste.

*

Il faudrait les funérailles dans des marais. N'est-il pas juste que les vivants, qui suivent le mort, soient eux aussi en difficulté.

*

Délire d'oiseaux n'intéresse pas l'arbre.

*

Muet, gardé par deux sourds, attend un signe.

*

Malgré tous les progrès de la recherche, un sein bien formé reste, jusqu'à présent, le type idéal du résonateur.

*

Les grands déplacements : Pou de San José arrivant dans le Valais. On en parlera, on ne parlera plus que de lui à la saison prochaine, dans les cantons.

*

Ce n'est pas au crocodile à crier « Attention au crocodile! »

*

Selon mon expérience déjà longue, dit Soliair, l'Univers est une grande affaire superficielle et compliquée, qui apparaît dans une partie presque toujours la même de la journée, et dans ces moments si bien accrochée en apparence qu'on l'appelle « réalité ».

Elle semble en effet cohérente, mais pour

peu de temps, et elle redégringole vite dans l'abîme indifférent.

Dès lors, il ne faut plus nous pousser beaucoup pour que nous dormions à poings fermés.

*

Un siècle d'enfants qui veut tirer sur un siècle d'adultes, la grande difficulté, c'est de se mettre en position de tir. Mais le terrible vient après : le tir commencé, plus un jeune qui ne passe « adulte ».

Cette duperie insigne, dont on s'aperçoit trop tard, a permis à des millions d'avancer en âge, sans qu'il y paraisse et presque tranquillement.

Quand leurs yeux enfin voyaient, il n'y avait même plus à se suicider. Ainsi la vie humaine a persisté au long des siècles.

*

La tentation de coucher dans le lit de sa mère et de supprimer son père constitue le premier des pièges du Sphinx de la vie, à quoi il faut, cerveau à peine formé, savoir répondre, piège où ne manquent pas de se faire prendre les natures maladives destinées à ne jamais savoir apprécier les obstacles et à surestimer les jouissances. Le test présenté traîtreusement par la nature sera examiné plus tard, mais déjà le signe est là qu'ils seront toujours fascinables et en effet quinze, vingt ans plus tard on les voit inquiets, cherchant en arrière au lieu d'en avant, se confesser misérablement à des étrangers fureteurs, dont ils deviennent la proie médusée, en enfants, en enfants comme il fallait s'y attendre...

*

Supposez les pensées, des ballons, l'anxieux s'y couperait encore.

*

Qui cache son fou, meurt sans voix.

*

Qui s'est abaissé devant une fourmi, n'a plus à s'abaisser devant un lion.

*

« Docteur, je ne sais pas ce que j'ai, je vois souvent rouler au loin des tours noires. » Or, dans le fond de l'œil, un escar-

got lentement glissait. Au patient, inquiet,
que dit alors l'oculiste?

*

Qui n'a plus d'épaules monte aux étoiles.

*

Le phallus, en ce siècle, devient doctri-
naire.

*

Mérite de centenaire ne fera pas un long
souvenir. Ainsi se consolent les vieilles
gens.

*

Il lui apporte son courrier après l'avoir
endormi. Après l'avoir tué, il le sacre roi!

*

Jugé indigne de barreaux d'honneur, je
fus mis en prison.

*

Chaudron de pensées se prenant pour
homme.

*

Même si c'est vrai, c'est faux.

*

Si toutes les vaches fonçaient sur les camions, il y aurait un recul des camionneurs, des ouvriers des abattoirs, et pendant quelque temps, des mangeurs de viande. Mais qu'elles ne s'y trompent pas, l'humanité n'est pas prête à lâcher le bifteck et le lait de ses enfants, pour une simple affaire d'humeur.

*

Il me semble que je vis dans une cheminée d'ombre, des inconnus en grand nombre fournissant le charbon, moi la charbonneuse fumée.

*

Les éternelles croisades manquées : L'armée des chevaliers rencontra dans les plaines la troupe des ravageuses de genoux, et le grand élan succomba au ras des rhizomes.

*

L'épouvante aussitôt tutoie. Plus de risque d'éloquence.

*

Qui a l'âme élevée sans être fort, sera hypocrite ou abject.

*

Vivant seul présentement, il m'arrive de parler tout haut, et ce que je prononce alors, c'est toujours « Va-t'en! Va-t'en! » A quoi je lance cet ordre, cela dépend. Les soucis ne sont pas toujours les mêmes, auxquels je dois répondre.

*

Qui a ses aises dans le vice, trouvera agitation dans la vertu. A lui de deviner, s'il convient ou non de passer outre.

*

Lassé d'efforts sans jamais pouvoir s'envoler, il cherche à présent un marchand de talons.

*

Vie en commun : perte de soi, mais diminution des rébus.

*

« Que donnerait une distillation du Monde ? » demandait, émerveillé, un homme, ivre pour la première fois.

*

S'il veut des victimes, le tortionnaire devra les accueillir, secondo, les protéger. Le reste, sa nature le lui indiquera suffisamment. Si toutefois il veut encore des conseils, c'est qu'il n'est pas suffisamment doué. L'aiguiller plutôt côté charité, ou justice, ou s'il demande encore des conseils, du côté mécanique, si arrivé là il pose encore des questions, souvenez-vous qu'il y a la Philosophie.

*

Les caravanes veulent le respect.

*

Qui chante en groupe mettra, quand on le lui demandera, son frère en prison.

*

Il n'y a pas de preuve que la puce, qui vit sur la souris, craigne le chat.

*

Le sang de bœuf, mis dans le tigre, lui donnerait des cauchemars.

*

Pauvreté sans dettes, ce serait trop de solitude, dit le pauvre dans sa sagesse.

*

Le désert n'ayant pas donné de concurrent au sable, grande est la paix du désert.

*

Le mal trace, le bien inonde.

*

Ce n'est pas un tic de girafe que de regarder à chaque instant à ses pieds.

*

Celui-là, avec sa vertu, il branle ses vices.

*

Petite glande a la fierté plus facile.
Bonnes glandes abondantes ne songent pas tellement à la fierté.

*

Dieu n'apparaît pas dans les forges.

*

L'enseignement de l'araignée n'est pas pour la mouche.

*

Qui a rejeté son démon nous importune avec ses anges.

*

Qui laisse une trace, laisse une plaie.

*

Pourquoi monter un cheval blanc, si l'on n'est pas menteur?

*

Tout ce qui mûrit s'emplit de brigands.

*

Se plaire sur le toit, c'est peut-être à cause de la cave.

*

Même la tortue se croit sans doute parfois composée uniquement d'étincelles...
Qui dit qu'elle a tort?

*

En observant des séminaristes, bientôt docteurs en théologie, jouer à taper du pied sur un ballon de football, on est amené à remarquer qu'il est apparemment plus facile au tigre d'être totalement, di-

gnement tigre, qu'il ne l'est pour l'homme,
d'être homme.

*

Une insulte, une naissance toujours la
suit, à moins qu'on n'étrangle le nouveau-
né, ce qu'on fait d'instinct.

*

Il reste possible quoique peu probable,
me disait un Iourak, qu'un renne blanc gou-
verne encore la terre comme autrefois. Mais
voyez vous-même, toute cette glace, de-
puis si longtemps! Il faut peut-être déses-
pérer, se tourner vers vos idées nouvelles.
Mais nous voulons attendre encore. Il est
dur de prononcer une déchéance. On a vu
des retours, vous savez... Et ce doit être
si dur pour lui, s'il est seulement blessé!

*

Le fou entend un autre tic-tac.

*

Celui qui est fort, lui manquant d'être
faible, est faible, mais le faible s'étend
sans limites...

*

S'il y a du poil, il y aura de la chaleur.
S'il y a de l'eau, il n'y aura pas de pattes.

*

La corde n'arrive pas à écouter le pendu.

*

En pays jeune, les lendemains vendent
des surlendemains.

*

Péché sans fils ne dansera pas.

*

L'œil fier s'unit aux montagnes pour
les redresser davantage.

*

Le médecin qui nous tue aujourd'hui
aura tort demain.

*

Avec une arrière-pensée immense, soyez
modeste avec votre corps. Même le grand

Bouddha, la mort lui vint, pour avoir par gentillesse accepté un repas qui n'était pas dans son régime.

*

Celui qui combat avec des armes visibles, tôt ou tard on les lui prendra, et on se moquera de lui, qui fit tant de bruit et qui n'a pas d'armes.

*

Sans têtes qui tournent, pas de carrousel.

*

Effacé par la journée envisagée.

*

Vitrier nerveux sans cesse compte ses doigts.

*

Mariée sous une housse, mari sur une meule.

*

L'amnésique se rappelait la Lune.

*

Même le sourd dialogue.

*

Après deux cents heures d'interrogatoire ininterrompu, Bossuet aurait avoué qu'il ne croyait pas en Dieu.

Quand il disait sa foi, il fallait répliquer « Non ». Quand il la redisait pour la millième fois, il fallait réclamer « Encore! Encore! » et lui faire raconter une nouvelle fois depuis le début, tout sans arrêt, toujours. On l'aurait vu s'effondrer, avouant, atteinte cette couche en soi, où ne vit plus aucune certitude.

Il eut la chance, cet évêque sûr de lui, de vivre à une époque où l'on ne savait pas vous interroger à fond. En parvenu il en profita, s'y prélassant.

Il lui fallait pourtant, comme à nous, beaucoup de repos pour avoir des idées. Sinon elles lui passaient, comme elles font. De vraies pensées, quoi! et si on les retrouve, c'est déjà très bien. Mais vous pouvez le lire et le relire : Il ne se doutait de rien.

*

Les perroquets ne peuvent se retenir d'utiliser leur grosse langue charnue à imiter les hommes et les femmes, surtout les femmes, surtout les plus sottes, surtout leurs phrases les plus sottes.

Du moins les voit-on (les perroquets) se retenir parfois des semaines durant.

*

L'aveugle n'est pas éclairé par une bombe. Le faible est renversé même par sa santé. (Qu'il ne soit donc pas imprudent au point de se vouloir normal.)

*

Une fille avec la vitalité d'une bactérie, je ne sais s'il y aurait beaucoup de garçons pour lui parler d'amour.

*

Le sage trouve l'édredon dans la dalle.

*

Qui crache en se réveillant, sabrera en se retournant.

*

C'est dans les œufs qu'on aimerait le mieux découvrir des articulations.

*

Tout ce qui est saillant, pour finir sera sociable.

*

Quand les yeux croient, les mains se méprennent.

*

Les forêts transpirent silencieusement.

*

Si la feuille chantait, elle tromperait l'oiseau.

*

Le cœur du sensible souffre trop pour aimer.

*

Voulant chanter, il élève une tour et perd la voix.

*

Tout virus est prodigue.

*

Qu'ils se marient, seulement s'ils savent tisser ensemble.

*

L'intelligence, pour comprendre, doit se salir. Avant tout, avant même de se salir, il faut qu'elle soit blessée.

*

La tristesse rembourse.

*

C'est ce qui n'est pas homme autour de lui qui rend l'homme humain. Plus sur

terre il y a d'hommes, plus il y a d'exas-
pération.

*

Tout roi fait retour au miroir.

*

La grande modestie de l'homme n'est
pas apparente dans les blasons.

*

La fenêtre de la perruche ouvre sur une
perruche.

*

Qui gagne avec l'ordure prend un air
dégagé.

*

Le microbe n'a pas le temps d'examiner
le biologiste.

*

Un savant se lèvera plus promptement
pour empêcher une porte de battre que

pour s'opposer à un meurtre qui se fait
sans grand bruit dans une pièce voisine.
C'est qu'il sait le prix du silence, celui qui
voue sa vie aux calculs et à la méditation.
Aux éternels distraits, d'aller aux distrac-
tions...

*

Ne faites pas le fier. Respirer c'est déjà
être consentant. D'autres concessions sui-
vront, toutes emmanchées l'une à l'autre.
En voici une. Suffit, arrêtons-la.

IV

*le secret
de la situation politique*

> *« Soyons enfin clairs. »*
>
> Arouet.

Les Ouménés de Bonnada ont pour désa-
gréables voisins les Nippos de Pommédé.
Les Nibbonis de Bonnaris s'entendent soit
avec les Nippos de Pommédé, soit avec les
Rijabons de Carabule pour amorcer une
menace contre les Ouménés de Bonnada,
après naturellement s'être alliés avec les
Bitules de Rotrarque, ou après avoir mo-
mentanément, par engagements secrets,
neutralisé les Rijobettes de Biliguette qui
sont situés sur le flanc des Kolvites de Beu-
let qui couvrent le pays des Ouménés de
Bonnada et la partie nord-ouest du turi-
taire des Nippos de Pommédé, au-delà des
Prochus d'Osteboule.

La situation naturellement ne se présente pas toujours d'une façon aussi simple : car les Ouménés de Bonnada sont traversés eux-mêmes par quatre courants, ceux des Dohommédés de Bonnada, des Odobommédés de Bonnada, des Orodommédés de Bonnada et, enfin, des Dovoboddémonédés de Bonnada.

Ces courants d'opinion ne sont pas en fait des bases et se contrecarrent et se subdivisent, comme on pense bien, suivant les circonstances, si bien que l'opinion des Dovoboddémonédés de Bonnada n'est qu'une opinion moyenne et l'on ne trouverait sûrement pas dix Dovoboddémonédés qui la partagent et peut-être pas trois, quoiqu'ils acceptent de s'y tenir quelques instants pour la facilité, non certes du gouvernement, mais du recensement des opinions qui se fait trois fois par jour, quoique selon certains ce soit trop peu même pour une simple indication, tandis que, selon d'autres, peut-être utopistes, le recensement de l'opinion du matin et de celle du soir serait pratiquement suffisant.

Il y a aussi des opinions franchement d'opposition, en dehors des Odobommédés. Ce sont celles des Rodobodébommédés,

avec lesquels aucun accord n'a pu jamais
se faire, sauf naturellement sur le droit à
la discussion, dont ils usent plus abondam-
ment que n'importe quelle autre fraction
des Ouménés de Bonnada, dont ils usent
intarissablement.

V

personnel

L'Océan était une grenade. Ma main avait la taille pour la saisir. Que faire? Je sacrifiai l'Europe. Trop nerveux pour vivre à côté d'un explosif, toujours prêt à blesser, déchiqueter, tuer. J'essayai bien de le lancer un peu plus loin, mais il était d'un lourd...

Pauvre Europe! D'ailleurs, beaucoup doutaient d'elle depuis longtemps.

*

Je m'apprêtais à manger une huître. Or, il se trouva qu'elle avait des cils, de longs cils roux. Dès lors, ce n'était qu'un jeu pour elle de me repérer, de me surveiller sans fléchir, de m'intimider et de m'obliger dans la plus grande confusion à retraiter de cette table, où je m'étais assis, sûr de ma force, quelques minutes auparavant.

*

Étrange! Il glisse des pans du Monde à ma gauche, toujours à ma gauche et aussi derrière moi (un peu en oblique).

Au-delà de l'aire de mon attention, inutilement braquée sur l'inouï passage, ils dérivent.

*

C'était un grand ensemble, un essaim stellaire ordinairement sans doute à des milliers d'années-lumière, mais en cet instant beaucoup plus près et pas seulement dans une direction, sur un seul horizon.

Il était comme s'il m'entourait de tous côtés.

Et qui me montrait cela? Un petit hanneton de l'année, aux antennes lamelleuses, qui vibraient.

Et je n'étais pas étonné? Si, j'étais étonné, mais raisonnablement étonné.

J'étais de toute façon beaucoup trop occupé à observer, pour m'informer du comment et du pourquoi. Quel être même tatillon n'aurait d'abord voulu profiter du spectacle grandiose, sans en perdre une seconde?

C'est précisément lorsque je voulus l'interroger que « Non! » fit le hanneton et toute la galaxie disparut. Impossible d'en retrouver une trace.

*

Chaque nuit, par condamnation, une petite charrue laboure en ma moelle un petit sillon, petit, petit, mais qui ne sera jamais comblé, jamais plus.

Le labouré-vivant espère encore. Par moments, la vie lui semble belle.

Cependant un nouveau soir étant arrivé, un grand engorgement d'îles, que j'accumulai secrètement en mon dos, crève dans un immense frémissement. Il y a une minute de bascule, une minute de profond renverse-malheur, et la nuit s'achève dans un gouffre d'oubli.

C'est alors que se trace, un peu plus profond, le petit sillon chaque fois un peu plus profond.

*

Elle repose, sa grande langue, soigneusement enclose en sa bouche aux lèvres imperceptiblement entrouvertes, sa grande et désirable langue bien cachée.

Ils sont cinq autour.

Dès qu'elle ouvrira la bouche, eux aussitôt, la maintenant ouverte, fonceront à la recherche de la langue, facile exploration en cette tiède et menue demeure où il n'y a qu'elle.

La grande fatiguée repose et, des heures durant, tant qu'elle peut résiste à l'envie de boire, de bâiller, de soupirer, se doutant bien à voir leur mine allumée de ce que l'avenir a mis en chantier pour elle, pour elle si lasse.

Sans même cette fatigue, qui, contre cinq se relayant, se distrayant les uns les autres, pourrait tenir et se surveiller continuellement?

Tôt ou tard elle s'oublie... et entrouvre la bouche... Malheur! Malheur, signe de bonheurs! Eux aussitôt de se précipiter, de maintenir ouvert le traître orifice derrière lequel la succulente langue n'ira pas loin.

Où donc se retirerait-elle? Ils l'ont. Ils l'ont saisie. Ils la tiennent, la mordent, la grignotent.

L'horrible repas a commencé.

Ils sont cinq. Je suis l'un d'eux.

*

Depuis quelque temps, j'évite le cinéma, pourtant un de mes derniers plaisirs. Cela m'est très pénible.

Au bout de quelques semaines, qui me parurent dix ans, il faut que je cède à nouveau et me rende au spectacle malgré le danger.

Depuis quelque temps, en effet, il m'arrive qu'un personnage du film, momentanément distrait de l'action, où il n'est pas employé à fond, un personnage secondaire, le plus souvent mélancolique, se tourne vers moi, s'adresse à moi. Alors tout change, moi visé.

D'abord, je tente de ne pas répondre. Je ne veux pas d'histoires. Je ne veux pas être accroché. Qui moins que moi désire être accroché? Cependant, ma paix dans la salle tiède a disparu. L'inquiétude a pris la place de l'abandon et du délassement. Il me faut réarmer.

Je n'observe plus les acteurs qu'à la dérobée, mes regards prêts à « rompre le contact ». Mais si prompt que je sois, à l'instant que je baissais les yeux et que les paupières allaient me protéger de leur douce nuit, un d'eux m'a accroché. J'aurais dû m'en douter.

Quand je l'ai vu récitant comme qui souffre dans son rôle, c'était le signe, le signe qu'il ne tenait pas tout à fait au film, qu'il était dans le besoin, le besoin d'une âme fraternelle. Oh! ils sont forts pour ça, et les femmes plus encore. Dès qu'elles ont senti quelqu'un de disponible, de vraiment disponible, qui ne le savait peut-être pas lui-même, à qui elles vont pouvoir aller pour se décharger du poids écrasant de leurs revers, de leurs drames et du peuplement hétéroclite de leur solitude, les voilà qui se jettent sur le spectateur tranquille, victime abasourdie.

J'ai beau me mettre sur les bas côtés, à demi masqué par une colonne, si j'en trouve une, je ne puis quand même pas cacher mes yeux dont j'ai besoin, et dont *elle* maintenant a besoin, pour sa tristesse à partager, pour le sauvetage de sa vie gâchée, qui va gâcher la mienne si je ne fais rien, si je ne me lève... mais je me lève, elle dévale vers moi, je cours vers la porte et me rue dans la foule du dehors.

Heureusement, mon départ précipité et pour elle ce rapide « doublé » d'espace (de la toile à la salle, de la salle à la rue) la déconcerte. Perdue dans une foule livrée à mille mouvements qui ne convergent ni en un film ni même en dix, elle est déso-

rientée; moi, sans me retourner, je me
glisse, couleuvre dans le métro embrouil-
leur de personnes.

J'ai encore gagné un jour de liberté!

Il faudrait que je n'aille plus au cinéma,
que j'y renonce totalement, car une fois
suffit pour être pris à jamais. Mais dans
une vie si indigente, comment me priver
de cela encore?

*

La situation, voici comme elle était.

C'était les Indes mais Varry au travers
et il fallait faire le trajet par la côte, en
terre ocre.

A pied, j'avance dans les montagnes.
J'avais jusqu'à deux heures. Je pourrais
reprendre le petit bateau à Bankal.

Après une bonne marche, arrivé vraisem-
blablement près du but, je demande à une
indigène : « Quelle distance d'ici à B...? »
Elle, muette, sur la défense. Je répète :
« Quelle distance? — Six empouses, répond-
elle enfin. — Six quoi? — Six empouses. »

Ah! (Quelle mesure est-ce qu'une em-
pouse?)

Au retour, une sorte de matrone biblio-
thécaire (mais c'est un homme, un vieux
chapon des lettres et de la révolution dans

un fauteuil) se tient sous un parasol de
dentelles avec une autorité de menhir bar-
rant le chemin aux nouveaux arrivants.
Maître d'une montagne de feuillets beur-
rés, relatifs à un douteux personnage, dé-
cédé, devenant par lui mystérieux, fabu-
leux, devenant ciboire du siècle, cet œuf
fessu qui se croit juge et acide prussique
tient le carrefour des routes...

Moi, j'essaye de gagner les Indes (encore!)

Malgré son importance de géant mou,
malgré l'obstacle des siens, dont la masse
le protège et lui est un ornement, malgré
sa grande respectabilité de veuf de marque,
malgré sa police, j'essaye de sauver ma
route vers les Indes.

Combat   dans   le   gélatineux. Quel
Combat! et qui ne finit pas..., qui n'ar-
rive jamais à finir...

                          *

J'attendais un appel téléphonique. De-
vant la maison, une barque aussi atten-
dait, me pressait. A regret, je mets les
pieds dans l'embarcation.

Une sorte de clapotis la soulève, la se-
coue, cassant en moi à petits coups la
volonté, cependant que la rive lentement
s'éloigne. Mais l'appel attendu retentit en-

fin. Je reviens. Je fais signe que je reviens,
qu'on m'attende. Le clapotis nous retarde.
Le courant nous déporte en aval. Il faut
ensuite remonter, longeant la rive où le
courant est plus faible. J'arrive. Trop tard!
On me crie de ne pas débarquer, de ne pas
perdre de temps. Ils rappelleront de l'autre
côté, au « *Café du passeur* ».

Je rembarque. La traversée est longue,
la traversée est interminable, le rameur
hésitant. Plutôt qu'une barque, elle est
comme un seau dans un puits, à demi
immergé, lourd et qu'on songe à abandon-
ner. Et voilà que la sonnerie du téléphone
retentit à la maison du passeur. Nous fai-
sons signe de la barque qui semble enfin se
rapprocher efficacement. Nous crions. Mais
la femme du passeur déjà a raccroché. On
me rappellera de l'autre côté, chez moi.
Et elle reprend son lavage, comme si nous
n'étions pas là. A quoi bon perdre mon
temps davantage? A peine débarqué, je
repars. Le fleuve a grandi, mais je suis à
présent dans un canot à moteur. Les
vagues s'élèvent. Les vagues s'élèvent
comme les ailes d'albatros prêts à s'envoler.
Les vagues s'élèvent davantage, s'élèvent
comme d'intermittents petits murs qui se
mettraient en travers de mes projets. Ce-
pendant, on approche rapidement de ma

maison. La sonnerie retentit. Il ne nous reste que trois ou quatre brasses à parcourir. Du perron on me supplie de me hâter, de la berge on me stimule. Nous abordons, je bondis sur la rive glissante où je manque de tomber. A la porte, on réapparaît pour me faire un geste de désolation. Ils ont raccroché. Ils ne pouvaient plus attendre davantage. Ils rappelleront en face. Je repars abattu. Le fleuve est devenu un estuaire, mais j'ai maintenant une vedette rapide, qui mange l'espace comme une tartine. Tout de même, j'arrive trop tard à la maison du passeur où la sonnerie vient de s'éteindre. Je repars plus vite encore, retraverse la nappe liquide comme une flèche qui à peine lancée s'enfonce en vibrant dans la porte de la demeure de l'ennemi abhorré, mais l'escalade de la berge à l'arrivée, devenue plus glissante, m'a encore retardé et la maison, comme j'allais y pénétrer, retombe dans le silence.

D'une rive à l'autre, toujours plus vite, débarquant, embarquant, je vole entre des sonneries impératives, aigrelettes, découragées, je vole après une communication qui ne peut s'établir.

VI

faits divers

Ne confondant pas le but avec les circonstances, ni les impressions avec les faits, Blanchette notre vache fait avant tout sa porcelaine. Dès qu'il y a matière à comparer, elle voit combien elle a raison, combien sont vaines les distractions et sans portée et sans profondeur. Elle ne lève plus la tête, mais comme elle est emplie de lait, elle se laisse traire, entendu seulement qu'on ne touchera pas à sa porcelaine.

*

De Zona à Bona les escales sont courtes, les gens obscurs. Ce ne sont que Zouchtras, Zouchtras visitant Zouchtras. Il y a bien quelquefois certains détails de l'habillement légèrement différents, une démarche, une prononciation parfois un peu, un peu moins quelconque, mais au fond ils

sont réellement pareils, tous profondément
Zouchtras, Zouchtras puant le Zouchtra
et même plutôt un peu Trichtras...

*

En Dalanchie les hirondelles s'accouplent
dès le mois de mars, parcourant les vil-
lages et les faubourgs des villes en sifflant
sans discrimination, tout ce qu'elles ren-
contrent. Mais dès juin elles commencent
à parler en mots distincts et, à la fin de
l'été, la conversation est générale dans les
nids, les dessous de toit, les granges et
l'atmosphère légère.

Mais, venant à se faire rares les insectes,
leur nourriture, elles partent, il le faut, la
migration interrompt ce beau langage.
Elles arrivent, désorientées en pays neuf.
Autres soucis. Nouvelle adaptation. La
place à trouver entre les occupants du
pays. Recherches, puis... départ, voyage,
si bien que revenues l'année suivante,
presque tout est à reprendre, à réapprendre,
et ainsi indéfiniment la plus grande par-
tie de l'année elles ne savent pas vraiment
parler, quoique si près, toujours si près
d'y arriver enfin.

*

La mer, toujours forte et tempétueuse, bat les pierres du village de pêcheurs qui tant des leurs y ont perdu et tant de bonnes barques aussi, qui furent dures à remplacer.

Dos à la mer, au centre des maisons, sur la grand-place, ils ont creusé et aménagé une pièce d'eau, qui ne sert à rien, une paisible pièce d'eau que les enfants et les mères peuvent regarder sans crainte.

De la sorte, ils se rassurent entre eux, par la vue de cette eau, toujours calme, sur les mouvements de l'autre, la traîtresse, l'irritée, la mortellement dangereuse, mais qui n'est après tout, elle aussi, qu'une grande pièce d'eau.

*

Coutumes des dieux.

Là, c'est encore la coutume des dieux de respecter le pacte qui les lie à la terre.

Gare à l'homme impulsif, intéressé ou cruel, qui n'a pu résister à la tentation d'abattre une créature de la forêt.

Dès que l'animal est tué, le don de la parole est par les dieux pitoyables donné

aux siens, afin qu'ils puissent accuser le
meurtrier et soutenir l'accusation pendant
le procès.

Certes, le chasseur n'échappera pas aisé-
ment — car tout animal a une nombreuse
famille et tous parleront.

Après le procès, les animaux perdent la
parole et se dispersent avec simplicité.

*

Danger des opérations précipitées : par-
fois on trouve l'anesthésiste asphyxié. Les
assistants s'affairent. Les infirmières s'af-
folent. Le chirurgien redouble de vitesse,
l'opéré, ouvrant un œil las, contemple la
ronde infernale.

Ah, la tranquillité, quand on est opéré,
la tranquillité, si on pouvait seulement
compter sur la tranquillité...

*

On trouve un nouveau-né dans un tube
de caoutchouc. On le retire.

Quelle claque il va falloir lui donner
pour qu'il respire... et tous les maux com-
mencent au sortir du caoutchouc.

*

H... sortit de l'étang, épuisé. Les jours
suivants, il était plus épuisé encore. Des
petits têtards lui nageaient sous la peau.
A la radio, de petits squelettes auraient
sans doute pu déjà être observés. A quoi
bon?

Ce ne serait que des questions en plus.
Des questions et des problèmes et des sou-
cis nouveaux. Arriveraient-ils au stade gre-
nouille, périraient-ils avant? (les cadavres
alors, qu'en faire?) ou subiraient-ils une
transformation incomplète?

H... ne tenait pas à le savoir. Au point
où il en était...

*

Déposez votre ennemi sur le lit, pourvu
qu'il soit mourant et prêt à passer.

Mais ne le faites pas brusquement, si
vous ne voulez avoir des remords, des re-
mords pour toujours, des remords à cause
de la brusquerie, si haïssable quand on y
songe, si peu gentleman, surtout dans un
pareil moment.

Il n'est pas nécessaire qu'il soit dupe.
Laissez celui qui va mourir porter lente-

ment sur vous le jugement méchant et
sans foi du moribond, semblable au regard
pâle et instruit de l'avorteuse. Laissez, ce
n'est plus la peine de le brusquer.

*

Vous cherchiez un clou, vous perdez la
planche. L'air, l'air, ne vous semble-t-il pas
que l'air suinte?

Tout devient plus glaireux qu'autrefois.

Cette filandreuse épaisseur de jour en
jour davantage... voilà ce qui nous rend
si poussifs et lents dans les montées. Il n'y
a pas d'autre raison.

*

Enfin, un bel accident.

L'Océan bascula et il fut debout. Ah,
que voilà une grande carte et comme elle
ondule...

*

Qui a dormi avec un boa sent mauvais,
néanmoins, il se relève content. Ah! la vie,
la vie quoi qu'on dise, la vie...

Elle se noue, elle se dénoue. Quels plai-
sirs dans ses mille dénouements!

Mêlée, la fête, bien sûr!

Rire quand on est poussin? Mais on a faim.

Rire quand on est mort? Mais on est loin.

Voici venir la vague, la vague qui vient me soulever, je l'entends. Ou est-ce le vent qui va m'arracher mon chaume?

Difficile de voir, les yeux incrustés de chaux. Difficile de savoir, le nez dans les senteurs.

Ou serait-ce que tu reviens, ma chienne d'été?

*

Le voyageur recru de fatigue se souvenait bien qu'il fallait demander le prix de la chambre. Dans son épuisement il oubliait seulement qu'il fallait écouter la réponse. Dès lors sur quoi s'appuyer, comment se décider? Plutôt reprendre la route avec la lourde valise, la route inutilement interrompue, la route jusqu'aux plus lointains faubourgs.

*

Je rêvais que je dormais. Naturellement, je ne me laissais pas prendre, sachant que j'étais éveillé, jusqu'au moment où, me réveillant, je me rappelai que je dormais. Naturellement, je ne me laissais pas prendre, jusqu'au moment où, m'endormant, je me rappelai que je venais de me réveiller d'un sommeil où je rêvais que je dormais. Naturellement, je ne me laissais pas prendre jusqu'au moment où, perdant toute foi, je me mis à me mordre les doigts de rage, me demandant malgré la souffrance grandissante si je me mordais réellement les doigts ou si seulement je rêvais que je me mordais les doigts de ne pas savoir si j'étais éveillé ou endormi et rêvant que j'étais désespéré de ne pas savoir si je dormais, ou si seulement je... et me demandant si...

Et ainsi d'insomnies en inutiles sommeils, je poursuis sans m'abandonner jamais un repos qui n'est pas un repos, dans un éveil qui n'est pas un éveil, indéfiniment au guet, sans pouvoir franchir la passerelle quoique mettant le pied sur mille, dans une nuit aveugle et longue comme un siècle, dans une nuit qui coule sans montrer de fin.

*

Les mauvais équilibres.
Il est mauvais d'être en équilibre sur

une mousse, sur une seule surtout, ou
même sur deux ou trois petites touffes.

Il est mauvais d'être en équilibre sur
un compas pointu, sur un compas per-
çant, à l'ouverture mobile, impossible à
maintenir fixe.

Il est mauvais d'être en équilibre sur
des haches, sur des haches qui vont tom-
ber, qui vont s'enfoncer dans la chair
tendre, si douloureuse, si lente à se refer-
mer.

Il est mauvais d'être en équilibre sur
des eaux courantes, sur des fuseaux d'eau,
sur des tourbillons d'eau et généralement
sur toutes les eaux, qui passent ou qui
stagnent.

Il est mauvais d'être en équilibre sur
des fioles, sur des fioles fines et minces,
au col plus mince encore, au col délicat,
contourné, fragile mais inflexiblement aigu,
lorsque cassé, il n'est plus que morceaux
aux arêtes tout ce qu'il y a de plus mé-
chantes, de plus sottement, traîtreusement,
salement tranchantes..., alors que tout est
fini pour lui.

Il est mauvais d'être en équilibre sur
des patins de lard, sur des otaries plon-
geantes, sur les rameaux d'un tremble, sur
une torpille volante.

Mais comment, de ces précaires et insup-

portables passages, émigrer vers un réelle-
ment satisfaisant et définitif équilibre?

*

Le perron descendu, la défaite en moi
est rapide. Habillé de loques, je suis reçu
sur un radeau branlant, que le courant
aussitôt emporte, que les rapides disloquent
et projettent violemment sur un roc me
faisant tomber au-delà dans une crevasse
profonde, où sans tarder, mon procès entre-
pris par des juges, entourés de visages
funèbres, ma condamnation d'une voix
écrasante est prononcée.

Que de coups, que de chocs, que de
chutes!
Combien d'algues traînant toujours dans
mes efforts!
Jonques emmêlées, sans aucun cri, bâti-
ment fatigué coule définitivement.

*

Du passant inconnu le visage qui venait
à ma rencontre était si triste, que dans
le temps de parcourir quelques mètres
jusqu'à moi, il grava dans le mien deux

rides profondes, ...dures rides appuyées de toute sa misère découragée et dont je ne puis plus me défaire.

Depuis lors, se modelant malgré moi sur cette marque d'un passé terrible, ma vie a changé, se passant dans des compagnies lasses et misérables où, mêlé à des drames écrasants qui ne m'étaient pas destinés je m'enlise et me perds... pour m'être un jour dans la rue laissé surprendre par un visage, du plus profond malheur atteint.

VII

...rait

Une île de flots tournerait au milieu des terres, un jet d'eau patrouillerait dans les banlieues. Un ballon de flammes, volant bas, parcourrait la ville sans la brûler et l'on rencontrerait encore dans la campagne des géants imaginaires.

*

Je voyagerais à nouveau, plus comme avant, mais brûlant toutes les stations ou à peu près, m'arrêtant le temps de demander du feu et encore pas toujours, simplement pour voir des gestes, tandis que moi je resterais muet, mais regardant, regardant intensément, et réfléchissant, et regardant. Ça me suffirait, non ça ne me suffirait pas, mais le dégoût que j'ai à communiquer, à chercher à entrer dans ce qu'on me communique, à être pris dans

le piège des communications, m'empêche-
rait de descendre.

*

Une plante qui croîtrait dans les lieux
d'exaltation, seulement là, noueusement
chez les intolérants et les fanatiques, pas
du tout chez les indifférents et admirable-
ment auprès de ceux qui aiment avec
transport, auprès des jeunes imaginations
ivres d'avenir.

De soleil au firmament elle se passerait
aisément, mais non du soleil des êtres.
Unique détecteur, elle se montrerait avec
éclat devant certaines fenêtres où vaine-
ment l'occupant prendrait un air modeste
et quelconque. Impossible à tromper, inuti-
lement transplantée chez des riches sans
élan, dans le parc desquels elle ne ferait
plus une feuille, devenant tout bois, ou
corde, ou balai et poussière.

VIII

adieux d'anhimaharua

ADIEUX D'ANHIMAHARUA

J'ai marché dans la somnolence de mondes contraires. Cent voies et deux aboutissements.

De-ci de-là mes voyages. Paix dans leurs débris!

Père et trop père. Douze fils. Le système se complique. Je descends de cheval. Je dois monter un âne.

La fête me fait ombre. Les paroles d'autrui me deviennent verglas. J'ai mal dans la roseraie, mais j'ai apogée dans la citerne, moi.

Tête lacunaire, plus de lumière sur le front, l'âme tarie. Cent points de mal pour

un point de bien, et mémoire clapet fermé,
mais je me promène avec le dieu de la
maison.

Ma jambe suinte et pourrit : Temps me
fait misère. J'ai gagné la mauvaise ligne,
le chemin qui rétrécit. Les dragons de la
Grande rivière m'attendent. Mais celui qui
a appris à faire sa nacre dans l'eau troublée
n'est jamais tout à fait dans le trouble.

J'ai appris, j'ai oublié. J'ai été instruit
à reconnaître les dix poteaux ennemis. Je
ne distingue plus aucun ennemi. Je ter-
mine, batelier du repos.

Plus de regards sur le chemin aux ponts
aux arches effondrées. J'arrive, ayant fait
le tour d'une immense vasière. Je ne des-
cendrai pas pour paver. J'arrive, faisant
sonner mes cloches sous le porche du géant
adversaire.

Ne vous affligez pas. Les rondes de
chauves-souris qui volent, m'entourent,

m'enserrent, mais je tends au loin mes
cordes.

J'ai déjà fait ce geste. J'ai connu ce
moment. J'ai perdu cent fois ma vie.

Assez. J'ai passeport pour aller demain
de par les mondes.

DEMAIN N'EST PAS ENCORE...

Roule, roule, sort à deux têtes,
roule, houle profonde,
sortie des planètes de nos corps retrouvés.

Soleil pour les retards,
sommeil d'ébène,
sein de mon fruit d'or.

Étendus,
nous embrassons l'orage,
nous embrassons l'espace,

nous embrassons le flot, le ciel, les mondes,
tout avec nous aujourd'hui tenons em-
        brassé,
faisant l'amour sur l'échafaud.

APRÈS L'ACCIDENT

Le problème de la nuit reste entier. Comment la traverser, chaque fois la traverser tout entière?

Que mes secondes sont lourdes! Jamais je ne les aurais crues si lourdes. Instants éléphantiasiques.

Loin de tout, rien en vue et pourtant comme des bruits à travers un filtre...

J'entends des paroles ininterrompues, comme si sans cesse on disait, on répétait : Labrador, Labrador, Labrador, Labrador, Labrador, Labrador.

Une poche me brasse. Pas de fond. Pas de portes, et moi comme un long boa égaré. J'ai perdu même mes ennemis.

Oh espace, espace abstrait.

Calme, calme qui roule des trains. Calme monumentalement vide. Plus de pointe. Quille poussée. Quille bercée.

Évanoui à la terre...

. . . .

Courant froid sous moi, courant chaud dessus.

Fatigué de monter, vais-je descendre? Mais je ne suis plus fatigué. Je ne sais plus rien de ce qui est la fatigue. Je ne la connais plus.

Je suis grand. Je suis tout ce qu'il y a de plus grand. Le seul peut-être tout à fait grand.

Où sont les êtres?

J'entends un murmure, un murmure s'organise. Au loin on a ombre sur moi. Quelqu'un me tire où je ne veux pas aller. Quelqu'un me prend où je ne m'aime pas. Non, cela se détache. Libre à nouveau. Espace-cristal. J'y vogue.

Ai-je un témoin? Silence souverain. Y a-t-il un autre souverain?

Grand, j'aimerais aller vers plus grand encore, vers l'absolument grand. Je m'offre s'il existe. J'offre mon néant suspendu, ma soif jamais encore étanchée, ma soif jamais encore satisfaite.

Tout convient : le lieu est vaste. Plus de fermeture. Pas de témoins.

Fais signe si tu existes, viens, me prenant comme insecte dans une couverture, viens tout de suite. Ceux d'en bas tirent sur moi, cerf-volant dans le vent, cerf-volant qui ne peut résister, qui ne peut couper sa corde.

Tu dois le voir.

Maintenant l'instant est passé (ou le siècle?).

Qu'est-il arrivé? Quelle rencontre?

Je ne suis plus pareil. Être, ou substance où j'ai pris bain?

Plus de doute, ils tirent d'en bas, me chargeant de lest, de lest de plus en plus.

Combien c'est de mauvais augure, ces voix que j'entends, ces connivences, cet effort commun à plusieurs actes, l'action méchante qui me reprend, sorte d'épervier jeté sur moi. Ils tiennent l'ancre du corps. Que n'était-il plutôt détruit. J'avais laissé ce malheureux. Ils le manœuvrent.

Je descends. Bon, j'arrive. Ne me bourrez pas de pierres si lourdes, si dures, vous avez gagné, je viens, j'ai tout perdu. Ma fusée retombe, le poids en moi, le poids à nouveau, à nouveau la terre aux pieds. Que viens-je encore faire sur terre?

VOILA COMMENT ELLE EST

Voilà comme elle est : rejetant les pères, dominée par les chiens, perdant des pierres, traînant des râteaux.

Non, voilà comme elle est : renversant les temples, cassant les amphores, faisant des bilans, portant des sacs, mare où ont bu des buffles et des bubales.

Non, voilà comme elle est : éparpillant des stocks, élevant des rideaux, traversant l'éléphant, butant sur la puce, triant des fumées.

Non, voilà comme elle est : emplissant de tentures, emplissant de tortures, renarde tenant un oiseau renversé.

Non, voilà comment elle est : matin, Moïse sur l'eau, misaine qui avance, qui toujours recommence.

Non, voilà comme elle est : le haut comme le bas, le Roi comme le rat, le gros comme le plat, le blé comme un cha-

meau, mais plus lent, n'arrivant plus à
la bouche de l'homme et la joie comme la
croix, la foule comme un groin, le blanc
comme le noir, la victoire comme les suites
d'un désastre profond.

Non, voilà comme elle est : l'amour
comme la tourbe, la fête comme la glèbe, la
joie comme une trappe, comme un buf-
fet d'entre les mains des déménageurs,
dégringolant l'escalier avec vacarme.

Non, voilà comme elle est : le sien comme
le rien, la terre comme l'usine, la mort
comme un chiffre, comme comptabilité,
comme une erreur d'ascenseur.

Non, voilà comme elle est : une seule
clameur, le progrès comme la déchéance,
comme un autre moyen âge et la beauté,
pneu crevé.

Non, voilà comme elle est : roulant des
roues, portant des hauteurs, témoins aux
yeux perdus, chevaux aux pattes brisées,
chemins décollés du ciel.

Tu la vois et tu ne la connais pas.

TOUJOURS SE DÉBATTANT

J'étais agitée. Une sueur de garance se mettait à percer les pores de ma peau, j'étais effrayée, tout le monde pouvait voir ma peur sur la figure et la connaître comme si je l'avais criée dans un haut-parleur. Ça ne servait à rien d'essayer de se constituer un maintien. Aussi je fuyais, j'allais me cacher, cacher mon échec, cacher mon existence. Si seulement j'avais pu me cacher à moi-même.

Je courais, je me perdais, j'espérais qu'on me perdrait aussi. Cependant, j'arrivais à un jardin, j'y entrais, non c'était un parc, et même un jour de réception, c'était un parc plein de gens : les ennuis recommencent. Qui était homme? Qui était arbre? Gênée, je détourne les regards sur les pelouses. Devant tant de monde, je ne pouvais pourtant indéfiniment regarder l'herbe. Qui était homme? Qui était arbre?

Une lourde présence d'exigences, de sen-
timents de préséance avançait vers moi,
nuage opaque, et je me sentais paralysée,
je ne pouvais rien et de nouveau la peur,
et, s'ensuivant, la sueur de garance se
remettait à sourdre, à couler abondante
des pores impossibles à fermer de mon
corps détestable, et mon visage vultueux
faisait peur aux femmes. Car à leurs cris,
c'étaient des femmes. J'aurais dû m'en
douter, et froissées et vexées naturelle-
ment, faisant des histoires pour rien.

En sortant, il y avait des cases. Indé-
finiment des cases.
Des rainures, des rainures s'élargissent,
le dedans devient case, ici, là, partout.
Pour qui toutes ces cases?
Sans déranger les fibres montantes d'in-
finiment hauts troncs légèrement disjoints,
des cases, des cases...
Dans laquelle me va-t-on enfermer?

Absence, attente, île des inquiétudes.
Des chevaux morts, enflés, affluaient de-
vant les écluses, puant doucement. Les
pluviers s'envolaient des rives. On sentait

une catastrophe récente et une encore à
venir.

Trop tard mes papiers étaient timbrés.
Trop tard je traversais les plaines défen-
dues, trop tard les roues du train me por-
taient, m'emportaient. Un grand pavillon
noir barrait la voie, les routes, les canaux
eux-mêmes.

Dans des escaliers sans fin, dans des
escaliers en vrille, dans des escaliers che-
vauchant des escaliers, des formes m'ac-
crochaient. Je ne me laissais pas faire
d'abord... J'attrapais par le poignet ceux
qui montaient. J'écrasais la bouche des
orateurs. J'agrippais au vol, je tordais les
mains des bénisseurs, celles des offrants,
celles des trafiquants. Dans un grand
bruissement, dans un grand accrochement,
dans une grande matité je les tordais tous,
et me tordais moi-même, dans le grand
escalier sans fin.

C'est après que je m'endormis, erreur
grave.

Du premier sommeil, je tombai dans le

second. Je luttai. Cela devenait difficile, je pouvais encore m'en sortir. Ce serait tout juste, cependant à condition de faire vite, de vouloir vraiment en sortir, d'abord de bien voir l'issue et, une fois bien en vue, de m'y ruer..., mais sinon, si j'arrivais dans le troisième, je serais endormi autant dire définitivement, je serais enfouie pour de bon dans le noir, je m'écroulerais assommée, je ne me réveillerais plus. Si je me réveillais, ce serait pour retomber, sans pouvoir me défendre plus de deux minutes ou deux minutes et demie, et comment en si peu de temps, en cent vingt ou cent cinquante secondes, voir clair, se décider, relever le panneau de la trappe, où je suis tombée, où toujours davantage je tombe. Et avec quelles forces? Je tomberais donc dans le quatrième sommeil, et, le quatrième, horrible certitude d'horrible avenir, c'est le glissement sans réveil cette fois, sans le plus petit bout, sans la plus petite entrouverture dans le cinquième et, fatalement et presque sans transition dans le sixième, et voici enfin le seuil, l'entrée, la gueule, le précipice du septième, du dernier, à tout jamais le dernier sommeil.

MORTE-MORONNE

J'étais désespérée. Est-ce que j'étais vraiment morte? Il fallait le savoir à tout prix, même au prix de la plus grande souffrance.

J'ai pris, j'ai ouvert le couteau à ouvrir les yeux...

Dieu! Comme on peut souffrir...

Mais attention, c'est en plus, le couteau à changer le caractère. Pourvu que je ne l'aie pas tourné par inadvertance... Les larves volantes passent sans cesse devant moi. Morte-moronne, que peut-on contre elles?

Reposer, dormir. Oh, non pas dormir. Assez de cauchemars. Qui mettra une cale derrière mes rêves terribles, afin qu'ils ne reviennent plus?

Comme vivantes nous sommes enviées. Comme mortes, nous sommes tenues en suspicion. Ainsi sont les moronnes.

Pour me défendre, un glaive à mon flanc, un bon glaive, un de ceux qui font les réputations, sachant couper le cou des êtres faibles, qui ne sont pas sur leurs gardes. Mais c'est un glaive qui meurt à la flamme d'une bougie.

Gare aux nuits, aux danses, aux réunions.

Quelqu'un prétend tout bas que je suis un lézard mort. Est-ce possible? Un lézard? Je ne me souviens pas. J'aimais le soleil. Qu'est-ce que cela prouve? Je n'étais pas la seule, j'avais bien raison de l'aimer quand il pouvait encore nous toucher, ce soleil qui nous traverse maintenant sans même que nous le remarquions.

Et je dois nouer des papillons! C'est fatal, on me demande toujours ce que je ne sais pas faire. Sous cette forme ou sous une autre, le test de ma vie, je n'arrive jamais à le réussir. Je commence néanmoins, je m'énerve. Ces maudits vole-

teurs irréguliers me déroutent, mes chances
diminuent.

Et toujours ceux de la terre à me ques-
tionner. On nous soumet le problème de
la circulation de l'air dans les villes. Mais
que pouvons-nous, de si haut?

Ceux de ce pays, ils nous veulent pour
distribuer les nouvelles. Quelle idée! Les
enragés! Comme s'ils n'en étaient pas pleins
déjà, tous les jours, ces riches, ces folle-
ment riches en nouvelles — ils verront plus
tard — et ils osent nous demander à nous,
Mortes-moronnes à qui n'arrive plus rien.
Au village de C..., ils nous accusent d'avor-
tements, de faire éclater les fœtus dans
les ventres. Quoi encore? Qu'est-ce que
ça pourrait bien me faire, leur enfant?
Est-ce que je suis la mère?

A N..., on m'accuse de sécheresse, de
vents mauvais sur les récoltes, moi! Si
j'étais maîtresse du vent, ne l'enverrais-
je pas plutôt dans la bouche de mes
calomniateurs, afin qu'ils cessent de parler,
dans les paupières de ces sots, afin qu'ils
cessent de voir. Je suis trop bonne vrai-
ment...

L'IMPOSSIBLE RETOUR

...et toujours on me retenait et je ne pouvais rentrer dans ma patrie. On me tirait par mon manteau, on pesait sur mes plis.

...et toujours on me retenait. Les habitants étaient petits. Les habitants étaient sourds.

Il fallait faire la file. Il fallait ne pas se tromper de file. Il fallait, au-delà des passages ouverts, se retrouver dans le bon tronçon de sa file disloquée, parmi les tronçons sans fin d'autres files qui se croisaient, s'entrecroisaient, se contournaient.

Les habitants étaient nombreux, étaient extrêmement nombreux. Il n'y avait pas d'emploi, il n'y avait pas d'endroit, il n'y

avait pas de repos pour tous ces habitants.
Le flot des innombrables habitants sans
cesse nourrissait toutes les files.

Il fallait, sans quitter sa place, envoyer
un message en avant. Il fallait envoyer
un messager à l'avance. Il fallait l'avoir
envoyé à l'avance pour, au débouché de
sa file, à une heure, à un endroit précis
qu'il fallait avoir prévu, se trouver devant
la place même qu'on avait retenue.

Les habitants étaient rusés, les habi-
tants étaient calculateurs, les habitants
étaient glabres.
Il fallait avoir l'œil aux écriteaux,
aux nouveaux écriteaux, aux changements
d'écriteaux. Il fallait avoir l'oreille aux
directives, aux directives modifiées, au
retour aux premières directives.
Il fallait patienter. Il fallait se contrain-
dre. Il fallait accepter. Il fallait pouvoir
tout recommencer. Il ne fallait pas mon-
trer d'impétuosité.

...et toujours on me retenait loin de ma
patrie. Les habitants étaient renfermés.

Les habitants n'étaient pas pour les questions. Les questions allaient dessus comme sur un mur.

...et toujours on me retenait, on ne me permettait pas de rentrer dans ma patrie. J'avais mal, j'avais mal à ma poitrine, où une grande voile toujours tendue me poussait vers mon amie, la très secrète, la merveilleuse, celle qu'on ne peut nommer, celle dont on ne peut faire le tour, celle à qui on ne peut jamais assez se rafraîchir.

Les habitants étaient têtus, les habitants étaient sans passions. Il fallait être l'habitant pour comprendre l'habitant. L'air était triste. La lumière était sans moelleux, la terre était mouillée, l'ennui était épais. Les chiens sentant la contrainte n'aboyaient pas.

...et toujours on me retenait, on me retardait. On me tenait par des détails, qui retenaient des détails, qui me retenaient par d'autres détails.

Les habitants, leurs fenêtres étaient basses, leur être sans écho. Ils buvaient à toute heure des boissons pour malades.

On me retenait, on me tenait dans la souffrance, loin de la patrie où la fille des cascades m'attendait, fine comme le jonc, forte comme un chêne, compliquée comme la Chine, semblable à une lame, rayon qui traverse les barques, ange des clairs abîmes.

Les habitants étaient corrects. Les habitants n'étaient pas mauvais. Les habitants étaient évasifs. On ne pouvait s'y arrêter. On ne pouvait non plus passer au travers.

Les files continuaient d'avancer. Les files continuaient de ne pas aboutir. Le bateau ne partait pas, ne partirait pas, avec moi ne pourrait pas partir.

Le quai, jamais reposé de l'agitation de la mer, était sombre et humide...

DANS LE CERCLE BRISANT
DE LA JEUNE MAGICIENNE

Jamais ostensoir plus clair n'apparut
dans les prières et les adorations
Jamais soucoupe volante, plus démente,
ne tourna magnésienne, aluminiée dans un
ciel déchiré
Comme une goutte brûlante apparais-
sant à la fleur de nerfs désarmés, surarmés
aussitôt qui voudraient renverser le monde,
tu parais et tu pars, lumière qui m'as trans-
percé.

Jamais tête folle draguée dans la car-
rière de la nuit
Jamais halètement et grincement de dra-
gonne, rêvée dans l'égarement des sabbats
Jamais cinglement des fusées, des élé-
ments éclatés, des évidences extraordi-
naires, plus torrentiellement ne dévala
contre moi.

Jamais surprise et admiration d'enfants,
braillant dans une barrique, ne réunit joie
gonflée de tant d'échos, de ronflements, de
renflements d'orage, de senteurs, de retours
à d'autres âges, de vrilles, de ravages dans
les lignes droites, de brassages, de retours
à la caverne... là où Phou lance ses troupes,
où déboulent les meutes, où les cathédrales
sont liquides et en formation... mais tu
pars, amour, et tu disparais...

IX

l'étranger parle

Il y a en train, présentement, une guerre subhumaine. Peu probable que vous vous en aperceviez, et pourtant...

Leur plateau immense et leurs forteresses mêmes, si bien retranchées autrefois, nids d'aigle entre fosses profondes, aucun abîme à présent ne les préserve plus. Nous arrivons par les ponts secrets...

Nous trompons leur Conseil avec des rêves dirigés et nous enlisons leurs défenses dans des boues pâteuses.

Sans nous déranger, nous leur trouvons des ennemis intimes.

Nous les faisons tourner dans le labyrinthe et, dans leur propre filet s'emmailler et s'immobiliser.

Un nuage noir tourne dans leur cœur. Le ciel est trop haut pour leurs aigles. Leurs chiens se tordent comme des serpents. Leurs chevaux, l'encolure molle,

traînent en tournant la tête. Il leur faudra
ramper bientôt. Il le faudra. La déchéance
augmente, l'être diminue.

*

Autre danger. Nouvelle révolte. Ils
doivent se défier de leur propre respira-
tion. Elle vient de conquérir son indépen-
dance ou presque... Mais ce « presque » est
suffisant pour désarçonner le respirant qui
n'étant plus maître chez lui s'affole, essaie
en vain de « la » suivre, rencontre des mou-
vements et des soulèvements étrangers à
ses besoins en air, respiration qui tantôt
s'emballe comme pour accompagner l'ef-
fort d'une rapide course, quoiqu'il soit cou-
ché, tantôt se calme jusqu'à pratiquement
disparaître, quoiqu'il gravisse une côte
abrupte et soit particulièrement avide de
l'air que sa poitrine indifférente lui refuse.

*

A celui-là au loin repéré très exactement,
nous lui maquillons sa semaine, une pour
commencer.

Sa semaine sera grêle, faible, dévastée
d'accidents, crevée de fondrières.

Comme un filet mal conçu, tout s'écoulera entre ses mailles, il n'en subsistera autant dire rien.

*

Nous agissons sur leurs enfants avant qu'ils naissent, quand fœtus, ils gisent encore sans bouger dans le ventre de leur mère alourdie.

Mais nous, nous bougeons. De loin, nous les dirigeons au clavier. Ceux que nous « travaillons » cet été, naîtront sous le signe du têtard. Les organes de l'assimilation basse seront bien développés et ils penseront en volumes. Tournés vers les eaux et le limon, détournés des hommes, lesquels ne leur procureront que malaises, ils s'uniront — en pensée — aux femelles des animaux, dans les prés et les étables odorantes, et par là seront malheureux avec femmes et avec société humaine, quelle qu'elle soit.

Et ce n'est qu'une des *mélodies* de notre clavier, lequel permet des milliers et des milliers de combinaisons et parmi elles combien de néfastes, combien d'idiotisantes à la longue, combien de mortelles.

Ridicules adversaires qui comptent sur leur nombre et sur le nombre grandissant de leurs enfants. Mais quels enfants!

D'un rire déjà sénile, d'un rire que sa mère écoute tendue, inquiète, mais qu'elle devrait n'écouter qu'avec horreur, rit un enfant plus qu'à demi vieillard, infirme qui déraille, qui va dérailler de plus en plus.

Nous veillons à l'extermination des bourgeons...

Un garçon rit, l'autre dépérit. En vain il prend, on lui fait prendre à toute heure du jour de copieux repas qui ne le nourrissent pas plus que s'il avalait des pierres. En vain une cruche de lait est en permanence posée à ses côtés. On appelle le médecin. A peine l'a-t-il vu, qu'il hoche la tête, découragé et presque fâché. « Va, dit-il à la mère, je ne peux rien pour lui et le lait crémeux dont sans arrêt tu remplis son bol, lui non plus ne peut rien. Un million de vaches ne le nourriraient pas, ton enfant. C'est cette maladie nouvelle qui tend comme un tamis entre la nourriture et l'estomac. »

*

Les épuisés, les malades nous les visons, ceux qui vers le soir échappent à eux-mêmes par la fatigue de leur corps qu'ils abandonnent en quelque sorte.

Gare à la forme légère que prend leur rêve, à la pesante que prend leur accablement! Ils n'en sortiront pas aisément comme autrefois, après un bon repos. Nous y veillons.

C'est notre grande lutte du soir.

Ils n'osent plus s'endormir, incertains s'ils pourront jamais se « reprendre » plus tard.

Les adolescents, haletants, ne grandissent plus. Ils ne forment plus que des espérances de taille... qui ne vient jamais et l'espérance est abandonnée à son tour.

Ils habitent, ils doivent le comprendre maintenant, ils habitent la zone de larmes.

*

Les groupes les plus actifs de nos ennemis veulent nous déclarer la guerre. Ils n'y arrivent jamais. Ils tiennent pourtant de nombreuses et menaçantes réunions, mais dès que nous l'apprenons, nous agissons sur notre clavier.

L'assemblée, la mine défaite, doit bientôt se disperser, n'y comprenant rien, avec des gestes désolés en proie à une insupportable chaleur.

(Si elle ne se disperse pas vite, un nuage spécial vient brûler leurs yeux.)

Il faut qu'ils se contentent de faire à l'improviste des proclamations injurieuses et d'inimitié à notre égard.

Et pourtant ils ont une population deux cents fois supérieure à la nôtre et habituée aux armes, ce qui ne nous émeut guère. Qu'est-ce que leur civilisation? Comme la vôtre, tout juste au stade de la brosse.

Toutefois, s'ils ne réussissent pas, ce n'est pas faute d'agitation et de se donner du mouvement. Ils ont, comme pour s'impressionner eux-mêmes, un aspect athlétique. Mais ce sont des bulles, des bulles qui se croient des hommes.

Qu'ils en profitent donc! Ils n'en ont plus pour longtemps, l'esprit retiré du front, l'esprit retiré des centres, l'esprit retiré des yeux, mélancoliques, atteints de la rouille du regard, sous le signe de l'horloge à rebours.

Comme dit le proverbe : « Le sacrement passe par-dessus la tête du lépreux. »

*

Du ciel nous leur parachutons des ombres.

Ces hommes avaient des forces en trop. Il leur faut lutter maintenant, oublieux de leurs véritables adversaires, ayant affaire à des ombres avec lesquelles, ne pouvant avoir le dessus, ils se distraient et s'épuisent heureusement.

Ainsi on a la paix.

*

Nous faussons les réflexes de leurs chiens et de leurs chevaux, qui osent enfin leur désobéir et s'écartent d'eux.

C'est présentement chez eux la grande révolte des animaux domestiques.

Des rassemblements immenses ont lieu comme ceux qui précèdent les grandes migrations, départ qui toutefois ne vient pas, mais l'inquiétude vient, mais la panique vient, les animaux de trait et de bât s'échappent, qu'on ne retrouvera sans doute jamais ou devenus rétifs sans recours, enfin les oiseaux de basse-cour désertent. Le délire est général. Des filles parfois sont couvertes par des ânes ou des dogues.

Ainsi se dévide, sans que nous ayons davantage à nous en occuper, le fil de la bobine mise à rouler.

*

Pour les nôtres, au contraire, nous utilisons le *stabilisateur des inquiétudes*. Il y a un jour *avec*, suivi de plusieurs jours *sans*.

Car il faut interrompre l'heureux effet du stabilisateur, sans quoi ils se laisseraient aller, ne comptant plus que sur le stabilisateur.

Tout leur serait égal... mais nous veillons. Ce ne sont pas nos ennemis seuls qui sont objet de notre vigilance.

Nous intervenons, nous intervenons et nullement pour tout arranger et tous les nôtres apaiser.

Le Karma, loin de systématiquement nous y soustraire, nous l'exaspérons parfois. Plus intense pour le faire durer moins, et déplacé, reporté sur une situation différente pour le rendre plus tangible.

Il manquait de rendement utile, souvent. Nous le manions.

Tenez, voyez ceux-ci. Voyez ces amants, punis d'avoir mal aimé. Attirés passionnément l'un par l'autre, mais dès qu'ils en viennent à se toucher, une sorte d'allergie se découvrant en eux traîtreusement les saisit, les secoue, les affole, les brise et les rejette loin l'un de l'autre.

Interdits, espérant encore, ils reviennent, pour se retrouver dès l'instant qu'ils se touchent, tremblants, misérables, éperdus, pantins agités à la ficelle par une main d'enragé. Il leur faut donc se séparer cette fois encore, peut-être pour toujours, quoique s'aimant, s'idolâtrant, mais incapables sans souffrance de se rapprocher, PUNIS D'AVOIR MAL AIMÉ.

Tel autre, le cœur touché d'amour, au moment que joyeux il s'apprête à appliquer le précepte « *Celle dont l'approche est un bain, celle dont le bras est un pansement, celle-là, il la prendra* » au moment qu'il reconnaît à coup sûr, comme la femme à lui destinée « *celle qui devient limpide sous les regards, celle qui devient torrentueuse sous les doigts* » à ce moment comme un violent coup de masse le frappe à la poitrine, et s'il insiste, c'est sur elle qu'il reporte, sans pour autant s'en débarrasser, le mal insoutenable qui le tient.

Angoissée, déchirée, la fiancée à son tour

oubliant tout amour, ne veut plus que fuir,
échapper à ces bras si terriblement, si
incompréhensiblement meurtriers.

*

Nous n'aimons pas les turbulents, nous
n'aimons pas les arrivistes. Il nous en
naît de moins en moins, et, dans chaque
génération à mesure qu'ils se présentent,
nous les guérissons au stade opportun du
complexe de la réussite.

Non, il n'est pas bon que beaucoup
réussissent (ni même peut-être qu'un seul
réussisse complètement). Ils n'y sont pas
propres. « Donnez la puissance à une sou-
ris, elle se fera abattre le soir par un chas-
seur de tigres. »

Si malgré tout il se révèle des violents,
car par la disparition des plus virulents,
de très sages jusque-là se sentent des
envies d'être « en tête » et de dominer, on
leur laisse d'abord une chance de revenir
à leur sagesse première. Sinon l'arrêt à
l'avant-dernière étape. Nous les clouons
là. Jamais ne feront plus que voir la terre
promise, la voir en tumultueux désirs.
L'atteindre, ils ne le pourront jamais.

*

Agir plutôt que subir... Nous ne laissons pas tranquille le Passé, le dangereux passé, qui se prépare insidieusement ou éruptivement à faire de l'avenir. Nous le torturons et nous nous torturons nous-mêmes afin de le modifier, de façon que tout aille sinon bien, du moins cureté du mal qui avançait sur nous.

Non, nous ne nous laisserons pas palissader sans rien faire. Nous avons une machine à faire des remous dans le Passé. Pas n'importe lesquels, n'importe quand. Ce pourrait être terrible. Nous ne prendrions pas ce risque, sûrement pas.

Du haut de notre Mirador, nous observons l'effet, le premier effet, attentifs, décidés. Même bon, on ne le laisse pas aller, on le tient « en observation ». On est toute tension. Incomparable émotion de l'ordre que nous apprécions le plus, celle des « conduites ».

*

Nous allons entreprendre de nouveaux visages. Nous les repensons, mais avec force, avec une force qui les « reforme » selon l'appel véritable de leur être.

Le visage qu'ils avaient auparavant, presque toujours impropre, les eût poussés tantôt à gauche, tantôt à droite, gênant, insistant à faux, les poussant sur de fausses pistes, loin de la Voie royale.

Ce ne sont pas spécialement de beaux traits que nous donnons, quoiqu'ils produisent une impression de plénitude, rare ailleurs (où le visage et l'homme, c'est un peu comme s'ils allaient s'entredévorant).

Des traits nouveaux mettent l'homme sur le véritable chemin de lui-même. Ils sont ses renforçateurs.

*

Chez nous les oiseaux, toutes fenêtres ouvertes, sont invités aux concerts. Musique percée d'appels, qui les immobilise, stupéfaits, concernés.

Après une pause, pleine de trouble pour eux, d'émotion pour nous, ils se raniment et repartent en chantant, reviennent, s'apaisent, s'agitent à nouveau.

Distraits, ils ont à se nourrir très, très, très souvent, presque chaque deux ou trois minutes, et à apporter aux oisillons leur nourriture invraisemblablement énorme. Nous comprenons.

Tenant compte de cela et d'autres choses,

nous avons fort amélioré nos concerts dans le sens « oiseau » (on le remarque à bien des signes), sans qu'ils cessent pour autant d'être de vrais concerts mixtes.

Même s'agissant de carpes, nous ne nous laissons pas décourager.

Sans doute n'oublient-elles pas ce qui les sépare de nous et là-dessus ne s'en laisseraient pas conter, néanmoins elles écoutent avec satisfaction, par nos soins, l'histoire surnaturelle des poissons.

*

Il y a maintenant des hommes à éclipse. Nous y sommes arrivés. Il était temps : Ces foules sans cesse grandissantes, ces villes pleines et où des amours aveugles en « rajoutent » encore.

Il était grandement temps.

*

Recueillir aujourd'hui les gouttes de miel de demain. C'était un secret bien gardé. Comme nous l'avons cherché! Bien nous avons mérité de le trouver. Qui plus que nous?

La suite ombre-lumière aussi nous y avons songé. Cette succession ne nous

plaisait plus tellement. Bien usée, elle avait
perdu son ineffable d'autrefois. Elle avait
conduit à des habitudes, à ces restrictions
que sont les habitudes.

La succession passage-obstacle (tout
comme bien-mal) nous l'avons fort chan-
gée, et surtout la fameuse relation cause-
effet. Elle était lassante, ne trouvez-vous
pas? Toujours au rendez-vous, à un ren-
dez-vous que nous ne lui avions nullement
donné. Elle faisait comme si elle dépen-
dait de chefs. Toujours la vieille rengaine.
Et nous nous soumettions! Nous nous sou-
mettions à des esclaves! Allez, finis main-
tenant, faits obséquieux...

*

La distance qu'il y a de la forme de
l'homme à celle des animaux est franchie
avec aisance dès que nous le désirons vrai-
ment. Le résultat est acquis. Grandes
comme petites, éveillées ou lentes, respi-
rant par branchies ou par les pattes,
mangeant de la chair ou des graines, ou
des insectes, n'importe, nous savons les
prendre toutes.

Certains parmi nous, sentant le poids
de l'âge et la diminution presque fatale de
leur potentiel, prennent les devants, se

changeant en une forme petite, et plus
« économique » telle la « puce préventive »
ou un autre insecte, aussi menu mais moins
alerte, plus propre par conséquent à les
laisser tranquillement récupérer leur vi-
gueur *.

Merveilleuse réduction. Le Monde animal
trouve ainsi une nouvelle séduction au-
près de ceux-là mêmes qui l'avaient tenu
en mépris, et qui maintenant l'ont en par-
ticulière estime, l'estime du connaisseur.

Par une nostalgie inconsciente de
l'homme, on voit nos « vieux » préférer le
corps d'animaux qui rôdent autour du
foyer, compagnons désormais modestes de
la vie de famille, moucherons, mouches,
papillons de nuit, geckos surtout dont il y
a une multitude familière sur les murs et
pas vrais geckos du tout, la plupart, mais
prêts quand même à manger leurs frères
devenus mouches s'ils en attrapent un à
une fenêtre, ce qu'ils font si prestement
que c'est plaisir de les observer, parti-
culièrement dans les fins d'après-midi,
quand il fait bien chaud et que ça bour-
donne ferme dans la pièce endormie qui

* Voyez l'octogénaire entré dans la chevêchette,
en quelques jours de nouveau gonflé à bloc, visi-
blement refait, même plein à éclater.

invite à la paresse et aux délicieuses obser-
vations sans bouger.

Il faut aussi faire attention, quoique
nous soyons suffisamment nombreux pour
supporter quelques hémorragies de popula-
tion, il faut prendre garde que notre peuple
entier ne s'en aille pas en mouches. Vous
savez l'attirance des masses, comme c'est
bizarre. Suffit d'un rien, d'un chuchotis, de
moins qu'un chuchotis, s'il rencontre en
notre cœur la même voix, le même son, il
s'enfle en fanfare et déferle sur nous et
sur la foule des voisins qu'il emporte sans
résistance.

Ce serait malheureux après tant de réus-
sites de finir dans la dépravation par ce
pouvoir donné un peu à la légère, de se
muer en bêtes. Aussi surveillons-nous tous
les mouvements suspects du monde animal
(y ayant trop de parents en permanence
pour y être indifférents), et les hordes et
les troupeaux qui, sans bonne raison, ap-
paraissent à l'horizon. Si des sauterelles
s'abattent sur nos champs, lorsque ce n'est
par leur temps : « *Qui donc êtes-vous?* »
leur demandons-nous d'abord. Ensuite
seulement on s'occupe des dégâts.

Heureusement, pour empêcher ce lais-
ser-aller aux transformations, il y a les
inconvénients, le peu de maniabilité des

états, les accidents, les monstres que l'on peut devenir pour une petite erreur et tant de choses que vous auriez trop de peine à concevoir si même on vous les expliquait clairement. Le plus souvent il leur arrive d'avoir grand-peine à regagner quand ils le désirent leur état d'homme ou de femme. Que de vers de terre involontaires dans l'argile et l'humus, qui voudraient tant nous revenir! Mais en vain ils lèvent la tête.

Il faut que l'inquiétude subsiste.

Ils craignent les hommes, ils craignent la terre, ils craignent, une fois coupés, de ne plus pouvoir se reformer; quelque grand nombre de fois que ce soit arrivé avec succès, ils ne sont toujours pas habitués. Ils gardent encore de l'inquiétude.

Certes, nous pourrions les aider. Nous le faisons parfois. Il ne faut pas non plus les secourir à la légère. S'ils ont voulu être vers de terre, ce n'est pas sans quelques valables raisons, dont ils ont tort peut-être de faire bon marché à présent. Ils sont dans la terre, qu'ils se sont souhaitée, et peuvent y être bien s'ils savent s'y conduire. Mais non, ce sont des agités, qui seront agités partout et dont l'espèce humaine n'a pas besoin, qui n'y seraient plus heureux, quoiqu'ils l'imaginent avec nostalgie.

*

. . . .
Ne vous laissez pas aller à de mauvais
jugements. Chez nous souvent le mensonge
est un présage, une sorte de préparatif à
une réalisation, « un essai irraisonné ». Il
se déclenche trop tôt. Les semaines sui-
vantes expliqueront.

Quant au mensonge aux étrangers,
c'est autre chose. Comment être droits et
dévoilés avec des inquisiteurs et des igno-
rants? Certes, en général, nous ne les aimons
pas et les décourageons.

Nous faisons mieux que de leur renvoyer
leurs mots, nous leur renvoyons aussi sans
mot dire leurs pensées. Sans rien recevoir
que l'écho de leurs propres questions, ils
marchent au milieu de nous, ne rencon-
trant que leurs propres traces, écho mono-
tone et assourdissant dont ils ne sortent
plus.

Et nous, notre visage, rien pour eux,
rien à y prendre, visage sans signalisation.
Le poli psychique les préverse. Après peu
de temps, les étrangers partent.

*

Nous songeons à nous. C'est la première condition. Ensuite, c'est l'obstacle. Nous construisons présentement le phare pour éclairer les morts, les nouveaux et aussi les tout à fait anciens qui perdirent contact. Grandes difficultés.

Toute de pierre, cette tour, de la plus dense, de la plus dure espèce qui soit et par là la plus précieuse et il en faut des tonnes, et dure, dure (sinon, aux morts elle leur échappe comme tout le reste). Nous devons les alerter par ce concentré insolite, qui arrête enfin ces errants découragés que plus rien n'arrêtait depuis un temps fou, certains depuis peut-être cinquante millénaires.

Nous n'oublions pas un air de bonhomie dans la forme, car ils ont peur de tout, non seulement de tout corps, mais de toute onde tremblante dans l'éther. S'ils s'attendaient à peu de chose, moins encore ils ont trouvé. La désillusion, plus que leur terrible position soustractive, les a anéantis.

Enfin il faut dans ce dur, un lumineux, un agréable lumineux, et quel est pour eux un agréable lumineux? Le toucan dans sa cage, depuis des mois, le problème

de sa cage il l'a débattu dans sa tête.
Mais nous, qu'est-ce qu'on sait?

Quelle sera la lumière agréable à ceux
qui sont dans le noir, le terrible noir de
la neuvième ténèbre?

Nous cherchons encore.

*

. . . .
. . . .

Alors, dans un océan de bonheur, nous
nous unissons à *Lui*. Qui, *Lui?*

Comment dire? Vous ne pouvez savoir.
Il s'est rendu perceptible, mais nous avions
fait du chemin à sa rencontre, presque
tout le chemin. Il n'a pas jusqu'au bout
attendu. Il s'en fallait encore d'un rien
et même certains des plus connaisseurs un
peu présomptueux peut-être prétendent...
mais laissons cela. Enfin, que dire? Tout
est changé depuis. Nous vivions dans les
infimes qui nous attaquaient ou nous sou-
tenaient, aveugles à nous, comme nous
à eux. Nous vivions sans ampleur, sans
havre, le cœur inutilement débordant...

Vous voyez comme nous sommes com-
blés maintenant. Vous le voyez, n'est-ce
pas? Où sont nos angoisses d'autrefois?
On n'arrivait jamais à tout à fait se réparer.

*

Dans le fond de nos os, on fait chanter le Chant profond. C'était si simple. On l'attendait depuis si longtemps. Je ne peux pas vous expliquer...

. . . .

quelques jours de ma vie
chez les insectes

Quoiqu'ils fussent insectes et non hommes, ils jugèrent tout de suite que je ne pouvais rester seul et m'offrirent une chenille à ma taille avec qui je pusse passer la nuit.

Inattendu certes, des chenilles femelles, mais tout était inattendu.

Sa peau était de velours, du plus beau vert bleu, aux îles orangées, mais froides et poilues.

Fasciné, je contemplais la procession ondulante et perverse des chairs dodues, progressant souverainement vers moi, reine et caravane.

Monstrueuse compagnie.

Cependant lorsqu'elle fut proche à me toucher, l'esprit comme de celui qui va à la guillotine, mais corps consentant, gagné, haletant, je m'abandonnai.

Ce fut ensuite une vingtaine de centres musculeux et avides faisant le siège de mon être débordé.

Orage, long orage, cette nuit.

Le matin, lorsque accablé et en même temps assouvi comme de ma vie je ne l'avais été, je m'éveillai, il me sembla que jamais plus je n'oserais lever les yeux sur qui que ce soit, et, en même temps que je pourrais dorénavant, ayant enfin atteint le fond, regarder en face la nature entière, les bêtes, la terre.

Il est un fait que l'accueil que l'on me fit alors fut beaucoup plus aisé et naturel que celui de la veille.

Ce qui s'était montré de gêne, de contrainte chez eux à mon égard venait donc de ma réserve, de ma retenue. Belle retenue! Quel homme dans l'histoire de l'humanité en avait montré moins?

Cependant la vie continuait, les jours me distrayant des fascinantes nuits.

Il arriva toutefois un matin d'agacement, d'énervement que... je l'attrapai, lui tordis le cou (pas facilement, énorme, toute en muscles!) et à peine morte, toute gigotante encore et dangereuse au point de mordre réflexivement, lui crevai la tête et en arrachai un fragment de cervelle.

Succulent morceau, que je ne puis mieux comparer qu'au cœur de palmier, mais qui serait plus sucré et légèrement vanillé.

Qu'allait dire le chef? Eh bien, il s'enquit simplement si je l'avais trouvée bonne. Il paraissait néanmoins préoccupé et tout en m'en offrant une demi-douzaine de remplacement, ajouta, comme qui veut être obéi : « Pour manger, prenez-les absolument vierges. » Pour quelle raison, je ne sais. Il m'en mettait six de côté à cet effet et je disposais d'une autre pour les délires de la nuit.

J'essayais toutefois de me modérer, n'en mangeant que de loin en loin, luttant contre la naissante et insidieuse habitude...

Il semble qu'il y ait pas mal de ces chenilles sexuées, phénomène surprenant. Le soir, je les voyais, la nuit, je les entendais. Le continuel écrasement de mon toit me disait le pesant passage au-dessus de moi des masses animales torturées de désir...

Nous allions aussi à la chasse aux hommes. Des dégénérés!

En plein vol, moi à califourchon sur le corselet d'une volante à quatre ailes, on vous les cueillait par la tête, tandis qu'ils marchaient avec cette allure patiente, réglée et ridicule qui est la leur et qui pue l'hypocrisie.

Leurs enfants, plus savoureux encore. On n'avait qu'à se baisser pour les attraper, ça n'a aucune force. D'adresse, encore moins. D'intelligence autant dire aucune, et courtauds et sans armes et ne sauraient, s'ils en avaient, s'en servir.

A côté de notre territoire, celui des guêpes géantes et des Custives éléphantines était dangereux.

Un jour, un immense ichneumon femelle fonça sur moi et j'eus un mal inouï à éviter sa tarière qu'elle voulait absolument m'enfoncer dans les reins pour y déverser ses œufs abondants, que moi ensuite j'aurais eu à nourrir de ma chair patiemment des mois durant, larves infectes et victorieuses.

On peut croire que je me débattis.

Quoique peu habitué à l'épée, encore moins
au bâton, ma seule arme du moment, je
réappris en quelques minutes le peu que
j'avais appris de feintes, de coups de bout,
de moulinets et de parades. Sans doute
mon poignet se serait tordu de fatigue,
si le danger ne m'avait donné des muscles
d'acier et des détentes foudroyantes... et
constamment le ciel recrachait sur moi
ce démon au noir corselet si vif.

Enfin cette mère obstinée, sur un vol
soudain de Bidiriques, changeant de des-
sein, fonça à leur suite, débarrassant mon
horizon et ma vie de l'épouvantable me-
nace...

XI

nouvelles de l'étranger

De N...

...On n'a plus le droit de voir hors de la *chambre de vision*. Vous comprenez, il y avait trop de monde dehors. Comment les surveiller?

Ils allaient partout. Il devenait pratiquement impossible de les tenir et puis, forcément, ils recevaient par les spectacles de la rue et de partout des impressions *diverses*.

Alors? L'Unité d'un peuple, nous n'allions quand même pas la laisser partir en miettes...

*

De V...

Enfants franco sur demande.

Sans doute, mais il y a quand ils ne plaisent plus, la question du renvoi de

l'adopté, qui devrait être aussi simple et
qui, étant donné le goût toujours grand
de la paperasserie, reste une chose com-
pliquée, qui à l'avance, au moment même
de l'adoption vous agace déjà et vous
préoccupe avec raison. Il arrive, dans l'état
actuel, que vous demeuriez quatre ou cinq
jours et même davantage avec un enfant
sur les bras, dont vous ne voulez plus,
avant qu'ils vous le reprennent.

*

De I...
Certes, la durée de la vie humaine est
chez nous bien augmentée mais le ralen-
tissement des réflexes avec l'âge reste
préoccupant.
Nos vieillards, nous les prolongeons aisé-
ment jusqu'à deux cents, deux cent cin-
quante ans, mais ils se font presque tous
écraser dans la rue à cent trente ou cent
quarante.

*

De R...
On n'a pas encore réussi la transplan-
tation des rides. Mais déjà les jeunes, se
sentant menacés, fuient dans la campagne,

cachant sous la malpropreté, leur barbe inégale et l'air hâve que donnent la faim et l'anxiété, leur visage trop pur qui attirerait l'attention et le scalpel.

Heureusement, ils ont encore de bonnes jambes et une partie de la population secrètement pour eux.

*

De V...

Le Gouvernement ne renouvelle plus les contrats de chaleur. Les dettes de corps ont été augmentées. La psychologie des réduits a été étudiée de façon qu'il n'en reste plus.

Les Officiers de l'Oreille du Cadre veillent.

*

On cherche à guérir le peuple de l'obsession vitale. Un grand pas a été fait déjà. Le corps des volontaires de la Mort absorbe une grande partie de la population.

Mourir avec simplicité, si c'est utile, dès que ce sera utile, en n'importe quel temps, ne doit pas pourtant empêcher de vivre en attendant avec soumission et zèle, tant que la présence du citroyen est profitable,

pas au-delà naturellement. Y tenir davan-
tage serait un vice, le vice d'un obsédé
et non plus un juste devoir, envers la
communauté... qui ne veut pas être trahie,
à aucun moment : *Défense de Mourir...*

A chaque décès sans permis de décéder,
la famille paie à l'État des dommages.

XII

l'espace aux ombres

...Bien pire que sur terre, ici, le sup-
plice des faibles...

Combien ils avaient raison d'avoir peur,
peur irraisonnée, injustifiée, semblait-il, sur
laquelle on les interrogeait, les analysait,
les faisant passer par d'autres horreurs,
comme si l'origine, le sujet, le nœud en
était dans le Passé, dans le nid convulsif
de misérables souvenirs d'enfance, alors
qu'il était dans l'Avenir, le lointain avenir,
dont une juste clairvoyance leur faisait
pressentir, l'effrayant, l'innommable qui
les attendait pour le bouquet, pour finir!

A l'instant de leur arrivée ils vont
comprendre, ils comprennent. En vain, ils
voulaient espérer! Leur vie n'aura été

qu'un sursis. Ici à coup sûr, ils vont être dominés. Impossible de garder le masque, d'en trouver un nouveau. Ils sont acculés.

Malheur, malheur à eux, dès leur apparition, traqués par les *Rapaces de l'Invisible*.

Parfois, le murmure se répand que nous sommes visitées par des ombres transparentes.

Qui sait? Qui sait?

Comment retrouver leurs traces quand on a peine à se retrouver soi-même?

Les puantes s'installent. Il faut absolument qu'elles polluent, qu'elles empuantissent toutes les autres. Comment résister? Que faire? C'est une imprégnation.

Aucun message n'est échangé. Mais l'odeur épouvantable est contractée dont on ne peut plus se défaire, qui contamine les ombres, les rend du clan, du clan répugnant. Le reste va de soi, une fois imprégnées. Quel reste? On oserait à peine le dire et sur terre qui le comprendrait?

On chuchote parmi les morts récemment arrivés, que de si inouïs progrès se font entre vous autres vivants, ou sont sur le point de se réaliser que vous allez bientôt pouvoir nous aider, nous aider vraiment.

Est-ce possible? Depuis le temps qu'on l'espère... Est-ce possible? Faites vite alors, faites vite, mais est-ce même souhaitable? On ne sait plus...

Attention. Vous m'entendrez plus tard. Il faut que je fasse attention.
Les ombres-hyènes cherchent sans cesse dans la nuit.

. . . .
. . . .
. . . .

...il faut encore que je m'éloigne, que je m'interrompe. Une grande Présence m'est traîtresse, feignant de me protéger, me surveillant à distance, m'épiant, cherchant une ouverture, un moment faible.

. . . .
. . . .

Je n'ai qu'un instant à nouveau.
Je dois me garder de la Zone J... J'y ai

été déportée par je ne sais quel courant. Les ombres viennent se prendre dans cette gelée, qui au bout d'un certain temps peut devenir très concentrée en ombres, en ombres désespérées.

Non, je ne suis actuellement satellite d'aucune âme. Non, pas encore... Je lutte comme je peux, dans la torpeur. Les forces n'ont pas grandi. L'écoulement continue. Je suis dans la mer des lassitudes, mon aimé.

. . . .

Oh non, il ne revient pas, mon manchon de forces.

La gueule de la mort a couché toute force en moi.

Je me mets en travers, peut-être, des courants de l'Infini. Je dois sûrement me mettre en travers, c'est la raison de ma nuit.

D'autres âmes, ne se questionnant pas, « se présentant » bien à l'afflux, en un instant sont emportées par la grande, l'invisible avalanche qui sans cesse roule vers le ventre, entraînant celles qui sont prêtes.

. . . .

Pas d'aide, ou de l'aide plus dangereuse
que le manque d'aide. Qui appeler? Tout
le monde est orphelin ici. Et moi ne pou-
vant avancer, toujours en pointe pourtant
et plus encore en hémorragie, blessure
fidèle au couteau.

Quelqu'un, peut-être, me repousse. Une
influence me paralyse?

. . . .

Encore une interruption, et avec quelle
souffrance, mais il le fallait. « Elle » était là.

Je me tais d'elle. Sa teneur en « n » est
plus considérable que dans les âmes de
son âge. Cela est suspect. Sûrement il y a
de sa faute. Peut-être sert-elle d'intermé-
diaire. Derrière elle, toujours le mélangeur
d'âmes apparaît.

Vide! Vide!

Par un reste d'âme torturée, je me mar-
tyrise de ce vide.

Et, comme si cela ne suffisait pas, des
âmes excavatrices, traversant l'espace,
nous vident encore plus, faisant basculer,
à leur profit, nos substances lâches, soit

volontairement, soit par le seul fait de
leur nature prenante, tuant avec l'inno-
cence de la ciguë. Sans doute elles ne vont
pas jusqu'à tuer, ce n'est pas cela, mais
il faut après leur passage, longtemps, long-
temps, pour refaire ce qu'elles ont pris.

Que dire de ce qu'il serait sage de faire?
Sage! On n'y peut rien. Le fœtus se veut
dehors. Toujours le caché cherche abomi-
nablement à voir le jour...

Mais j'ai tort de parler. J'ai tort de
penser. L'aveugle jure dans la chambre
aux échos. L'imprudent! Voilà ce qu'il ne
devait pas faire.

. . . .

Je souffre trop du mal d'air. C'est cela
peut-être. Oh! ce vide. Et tout à l'heure
encore passant par les sphères molles, cette
ponction qu'ils m'ont fait subir...

Les mites de la chambre quand elles
trouvent un habit, quelle fête! Quelle fête!
Et même dans une pouilleuse armoire quelle
fête! Mais si un curieux s'emparait de la
mite, c'était seulement un peu de soie éva-

nescente et les doigts s'ensablaient du doux cadavre.

Voilà ce que nous sommes devenues, mites, mais la fête perdue, trop légère dans nos mémoires étouffées.

Je sais, je regarde trop en arrière.

Toutes ne sont pas comme moi. Naguère, je fis rencontre d'un homme du lointain autrefois. Il me dit : « La paix vient, ma sœur. Il y a près de seize cents ans qu'il ne se passe plus rien pour moi. Cette répétition indéfinie de temps m'assure enfin, moi si douteur, de l'*être* dont je n'arrivais jamais à être certain sur terre.

« Il m'est presque impossible à présent de douter. Sûrement, il doit y avoir autre chose qu'accidents. J'en ai la quasi-certitude. Il doit y avoir de l'être. Même moi, il faut assurément que je sois. »

. . . .

Que d'ombres! Que d'ombres accablantes!

Et tous ces morts lourds, tellement plus lourds que moi, quoique je le sois beaucoup trop, « pesant » malgré moi vers la terre.

Est-ce que pourtant je le désire vraiment? Non, non, l'infini et l'avant-coureur

d'infini est un tel soulagement ici que,
pour rien au monde, je vous le jure, pour
rien au monde je ne voudrais regagner le
vôtre, qu'on n'a pas oublié, allez, débité
en tranches, en tranches inégales et sur-
prenantes, monde de la distraction, la ra-
cine jamais abreuvée.

Plutôt encore mourir totalement, n'être
plus rien, rien de rien.

*

Demain, départ d'essences.

*

. . . .
Les feuilles éclaboussent de lumière les
yeux du voyageur fatigué, mais il n'y a
pas de feuilles et plus d'yeux.

Plaques de sons de gongs, lançant des
lampes, des lampes et des tapis. Voilà la
situation. Plus de signes que d'appuis, de
passages que de fibres, brume et drame et
anémie retireuse de griffes.

Part aux fenêtres, part aux anges. Pano-
plie perdue, batterie bouchée, bâillon sur
la face, hérisson inutile. C'est cela. C'est

cela vraiment, mais ce n'est aucune des choses de ce qui est cela.

La fatigue aux mille ventouses tire l'être en arrière loin de la vie voyageuse, loin du souvenir, loin des missions, loin du renouveau, c'est cela, mais ce n'est rien de ce qui est cela, crocs sans tigre, nuit sans étoiles, mort sans cadavres, vie sans corps.

Et toujours derrière, l'instant de l'arrachement décisif, comme un grand cliché noir.

Je frôlai en *la* frôlant un abîme de joie.

Mes fébriles pensées à l'instant s'arrêtèrent, apaisées. Mais elle ne dit rien, comme jeune fille au jardin sous le regard de son père. Au milieu de milliers de bruissements une arche sur nous se forma... et puis tout à coup elle dut partir.

Quel était l'obstacle? Qui nous empêchait d'être ensemble?

Où la retrouver?
Nous parlions sans parler, affluant l'une
    vers l'autre.
Où est-elle, la bénéfique?
On l'a fait partir, comme on arrache un
    voile.

Punissant moi? Punissant elle? Punissant
   de quoi?
On a joué enfant, et on est puni comme
   mère.

Je me suis interrompue. Ne soyez pas
découragé, moins encore fâché. J'ai dû
m'enfuir, me cacher derrière le groupe des
Hallous.
   Car un groupe de Lech... passait au
large. Déjà leur lointaine apparition me
retire quelque chose. Et elles savent se
rapprocher si vertigineusement.
   Menace, la pire de toutes.
   Par un secret drainage, elles savent vi-
der l'âme qu'elles rencontrent de son prin-
cipe *Kr*, ce qui la rend beaucoup plus
obéissante, et pratiquement indifférente,
sujétion dont, plus qu'elles encore, profitent
les esclavagistes qui les suivent, incessam-
ment avides, infatigablement vampires.
   De quelle façon, j'aime autant n'en rien
dire. Nous ne sommes pas du même côté.
Il faut que je fasse attention. Et même où
je suis, je ne suis pas encore du côté qui sait.

C'est si dense, ici, tout, même le vide
où l'on va, immensément étirée, malheu-

reuse, présence entre l'indéfini et l'infini,
d'abîme en abîme.

Cette densité est déjà une réponse. Ne
m'en demandez pas trop, quoique loin de
terre, je suis plus loin encore du centre.

C'est pour cela qu'il est tentant de se
faire des écrans, si transparents soient-
ils.

Mais comme j'abattrais les miens, si vous
veniez enfin.

Je vous appelle, oh, comme je vous
appelle! Ce ne doit pas être sans une haute
raison, qui nous échappe, cette attirance.

Je vous vois hésiter encore un peu entre
là et ici. Il faudra vous décider mais je
sais que, la décision prise, vous au moins,
vous n'aurez plus les retours que j'ai.

Il faut se détourner de ceux de la terre,
cela est nécessaire, mais si je l'avais fait,
vous aurais-je jamais trouvé?

Non, les souvenirs nous reviennent rare-
ment comme des supports, plutôt comme
des plaies. L'homme chargé de quilles,
faites-le, de plus, marcher entre des quilles,
telles sont les façons d'ici. C'est tout.

Celui qui, même fort, a sept rangées de
doutes, n'entend pas celui qui, même faible,
n'a qu'une rangée de doutes. Voilà pour-

quoi les conversations sont si rares entre vous et nous.

Si déplorablement que nous souffrions, nous sommes débarrassées des millions d'accidents que sont vos impressions. Quoiqu'il nous en reste assez pour être profondément atteintes et même plus profondément, mais vous verrez vous-même l'étonnant changement... et l'étonnante permanence.

C'est autrement que je puis (un peu) vous aider, à la dérobée, car la loi veut que vous soyez harcelés et non soutenus.

Les hautes ombres de R..., non seulement essaient de nous enlever nos vivants, mais encore l'accès à la zone de refuge, zone de vacances où, revenus aux souvenirs, nous croyons encore remettre du bois dans le feu.

Par pénitence, on est repoussé en Zones F... Là, on peut encore frémir, on ne peut plus prier. Oui, prier, mais ce n'est guère ce que vous croyez. C'est notre seule monnaie, notre seule joie, notre main ouverte. Là, on n'y a plus droit.

Des anges à nématocystes surveillent, piquant sans stimuler, ou stimulant sans éclairer.

. . . .

Je ne puis tout montrer. Innombrables sont les ombres, innombrables les catégories d'ombres.

Débordée par le monde inouï des semblables, infinie démonstration de son infime, bille au milieu de millions d'entrepôts de billes.

Mal on connaît. Les douze enveloppes, elles les gardent, pour nos douze ignorances.

Certaines, c'est comme un pincement, lorsque vous passez tout près. Vous n'en saurez pas davantage.

Auprès d'autres on floconne de souvenirs anciens.

Se cacher par insignifiance, par angélisme, ou éclipsée l'une par une autre? C'est toujours tenter la même chose.

On en voit même (pour se mieux dérober) en suspension dans une autre... Elles s'ennuieraient trop, sinon, peut-être? Elles s'ennuient de ne plus rien sécréter.

Les plus heureuses passent seulement pas la crise de blanc. La maladie du chiffon suit. En cet état, prêtes à tout, elles accepteraient même d'être convertibles l'une dans l'autre, état dont d'autres savent profiter.

Des essaims de faibles, rassemblés par la panique, des essaims de faibles, se

forment, vouées à succomber plus fatale-
ment. Les rapaces arrivent. On voit se
silhouetter un grand désespoir. La colo-
nie entière va disparaître.

Encombrée de postulantes insuppor-
tables, grégaires prêtes à tout pour provo-
quer une réaction de bienveillance, on
tâche de quitter au plus tôt la première
zone. Fausse bonté y règne, bonté nau-
séeuse, bonté comme un placenta, comme
un filet, comme un défilé surveillé, comme
une maison de prostitution dont on ne
sortira plus.

Vite, vite les eaux courantes de fleuves
inconnus vous penchent, vous emportent
au loin, si vous savez les utiliser. Au-
delà, les messagers de la deuxième mort
guettent. Comment lutter? La loi de domi-
nation-subordination ne peut être indéfi-
niment tournée. Cependant, il faut essayer
d'aller au-delà encore...

A nouveau ombres-hyènes..., ombres au
puissant ascendant, à peine les a-t-on vues
qu'on est entraînées dans leur sillage.

Pourvu qu'elles ne m'entraînent pas
avant votre arrivée...

Ames décapitées et tout ce qui peut proliférer après la mort, de l'aromatique au puant, des corolles aux détritus. Nous sommes une prairie de fauche, qu'on ne laisse pas repousser, une prairie qu'on ne cesse de faucher.

Impossible de nous redresser même d'une idée. On n'a plus le savoir raide dans la crypte de colle.

Ames blessées, qu'*ILS* sont toujours à rouvrir, à faire éclater à nouveau pour je ne sais quelles esquilles qui y seraient restées, qu'il leur faut aller chercher, arrachant tout apaisement.

Ames éternellement béantes, quand nous refermera-t-on enfin?

La cri de la douleur intime est notre cri. Mais personne ne bouge. Qui, dans un hôpital, se retourne pour un gémissement?

Il faut réduire tout ce qui a été, la lime des *Présences sévères* sans cesse contre nous.

On perd beaucoup d'excroissances, mais il en reste à perdre : on ne le croirait pas, il faut le sentir. Souffrances des stylets profonds. On n'ose pas bouger. On n'ose pas bouger une pensée, un souvenir, dans la crainte d'être percé à mort. Une moitié apprend, l'autre s'écoule.

Lutte et réponse toujours en suspens, la réponse qu'on attend des siècles.

Tambours de fumées, foudre de soupirs. On avale toujours la boule aux mille pointes de souffrances. Quand cela finira-t-il?

L'ondée tant attendue, l'ondée d'infini, qui apaisera l'âme, on n'oserait en parler, il y a des zones si on en parlait, on serait insulté, attaqué de toutes parts par les désespérées.

*

Les bornes des épreuves défilent lentement, interminablement. Menaces de mer de flammes devant moi. Déjà, dans les zones avoisinantes, la chaleur est intolérable.

L'intime aussi doit-il périr?

*

Lutte, lutte, la peine grandit, l'étendue aussi, parfois la résistance. Ne croyez pas, je ne suis pas la plus refuseuse quoique je le sois extrêmement.

Il y a ici un grand résistant.

Sa défense est par lames tournantes (je vous traduis, car des lames, on ne peut espérer en trouver, ni en avoir l'emploi). Rien n'a pu le vaincre.

Depuis neuf cents ans et plus qu'il est décédé, il refait sans membres, mais non sans un vouloir plus solide qu'acier sur terre, les mouvements d'un infatigable refus. Rien n'a pu passer entre ses défenses (c'est qu'il est terriblement vite). Arrivera-t-il jamais à mourir vraiment? Les Présences Hautes elles-mêmes l'ont abandonné aux siècles. Et lui, brave au-delà des braves, défie toute approche, toute acceptation.

C'est dans cette sorte de moulin à ailes dures, lui-même secoué comme plancher d'un avion qui décolle, qu'il demeure invaincu.

Les pales du « Non » refusent l'envol de l'ange.

Savoir, autre savoir ici, pas *Savoir* pour renseignements. *Savoir* pour devenir musicienne de la Vérité.

Ici, rien richesse, cadeaux point, et perte-fidélité.

Toujours périphérie chercher centre!
Dans grand Jour vide, pleine à éclater.

Adaptation : Drame des sept existences.
Mais comment me retenir de penser à
vous?

Urgent! Il faut que je me reprenne, il
me faut, tout entière ici attentive.

. . . .

Le rapt d'âme, quand vous saurez...
sans cesse, sans cesse, contre cela essayant
de nous occulter l'une l'autre, nous déro-
bant.

A nouveau, une grande eau me menace.
Venant de partout. Refuge, où refuge?

Quelqu'un aura dû nous détecter...

L'espace, mais vous ne pouvez concevoir
cet horrible en dedans-en dehors qu'est le
vrai espace.

Certaines surtout, se bandant une der-
nière fois, font un effort désespéré pour

« être dans leur seule unité ». Mal leur en prend. J'en rencontrai une.

Détruite par châtiment, elle n'était plus qu'un bruit, mais énorme.

Un monde immense l'entendait encore, mais elle n'était plus, devenue seulement et uniquement un bruit, qui allait rouler encore des siècles et destiné à s'éteindre *complètement*, comme si elle n'avait jamais été.

Tout à l'heure, à nouveau, une Présence de proie. J'ai peur. Pourvu que vous n'arriviez pas dans un tel moment.

. . . .

Reparlez, vous le pouvez. Elle est passée. Voici le lent inoffensif cortège des âmes qui n'ont plus droit qu'à une option.

Les pauvres! Mais, au moins, elles le savent.

Si l'on a déjà vu un vivant ici, un vrai? C'est rare, il faut d'abord qu'il ait été assoupli par la souffrance, par un éloignement de la terre, de tout sur la terre, de toute nourriture, de tout plaisir, de tout refuge.

J'en vis un, presque à faire peur, tant il était éblouissant. Il était de terre pourtant, cela se voyait à une certaine difficulté, au rythme, à une luminosité saccadée, presque convulsive.

Jamais je n'avais soupçonné qu'il pût y en avoir de pareils sur terre. Sa sainteté abreuvait même les mortes auréolées. Il n'était venu que pour peu de temps. Mais à n'importe quel moment qu'il arrive pour de bon, il ne restera pas longtemps dans des zones d'attente. Pris aussitôt par l'avalanche vers le centre, il ira aussi vite qu'elle, par sa propre aspiration.

Des âmes trois fois mortes s'inclinaient devant lui avec admiration...

Passent les B... Elles ne savent pas à quel point elles sont mortes, et parfois elles ne savent même pas si elles le sont le moins du monde! C'est incroyable, mais vrai. Elles s'interrogent. « Et moi, le suis-je? » ou « Suis-je plus morte que celle-là, que l'autre? »

Et le silence, marque du Néant, les laisse en suspens, leur question indéfiniment répétée.

... Non, à l'échelon suivant, plus rien. Tout ce qui est monde pour les attachées à la deuxième enveloppe, est ombre pour les déliées.

Mais l'appétit de dominer n'est pas devenu ombre.

Certaines, véritables démons, surveillent sans cesse la terre, guettent, guettent, prenant les blessés en filature, vont en quête des moribonds, de l'un à l'autre, choisissant, « Celui-ci sera le mien », « Celui-là sera mon esclave », s'efforçant d'arracher à la vie par surprise, le blessé, le choqué, cependant qu'elles écartent les autres.

Encore faut-il une certaine convenance de l'assujetti à l'assujettissant. Il s'en perd du reste beaucoup à l'arrivée, qu'elles croyaient déjà tenir et qui ont dérivé par suite de complexes influences. Notre espace, pour qui a cessé d'y être aveugle, est plein de signaux, de points d'attirance, de zones fortes, de zones faibles, de piqûres, de messages.

Ne craignez pas, je veillerai, je ferai l'impossible. Il ne faut pas avoir peur...

Je ne sais trop ce que c'est, ces signes que j'ai faits. D'autres que moi en auraient mieux parlé, à bonne distance. J'en avais couvert douze cents pages, et n'y voyais que flots, quand René Bertelé s'en empara, et, tâtonnant et réfléchissant, y découvrit des sortes de séquences... et le livre qui est ici, plus son œuvre que la mienne.

Mais les signes? Voilà : L'on me poussait à reprendre mes compositions d'idéogrammes, quantité de fois repris déjà depuis vingt ans et abandonnés faute de vraie réussite, objectif qui semble en effet dans ma destinée, mais seulement pour le leurre et la fascination.

J'essayai à nouveau, mais progressivement les formes « en mouvement » éliminèrent les formes pensées, les caractères de composition. Pourquoi? Elles me plaisaient plus à faire. Leur mouvement devenait mon mouvement. Plus il y en avait, plus j'existais. Plus j'en voulais. Les faisant, je devenais tout autre. J'envahissais mon corps (mes centres d'action, de détente). Il est souvent un peu loin de ma tête, mon corps. *Je le tenais maintenant, piquant, électrique. Je l'avais comme un cheval au galop avec lequel on ne fait qu'un. J'étais possédé de mouvements, tout tendu par ces formes qui m'arrivaient à toute vitesse, et rythmées. Un rythme souvent commandait la page, parfois plusieurs pages à la file et plus il venait de signes (certain jour près de cinq mille), plus vivants ils étaient.*

Quoique cette — *dois-je dire expérience ? puisse être reprise par bien des gens, je voudrais avertir l'amateur d'explications personnelles, que je vois ici la récompense de la paresse.*

La plus grande partie de ma vie, étendu sur mon lit, pendant des heures interminables dont je ne me lassais pas, j'animais une ou deux ou trois formes, mais toujours une plus vite, plus en favorite, plus diaboliquement vite que toute autre. Au lieu de lui donner couronne, richesses, bonheur, avantages terrestres comme on dit, je lui donnais, dût-elle rester très pauvre par ailleurs, je lui infusais une inouïe mobilité, dont j'étais le double et le moteur, quoique immobile et fainéant. Je la mettais sous tension, *pendant que moi j'étais le désespoir ou le dédain des gens actifs.*

Je n'aurais fait ici que répéter, tant mal que bien, sur papier, à l'encre de chine, quelques-unes des innombrables minutes de ma vie inutile...

R. B. me fait remarquer que dans ce livre le dessin et l'écrit ne sont pas équivalents, le premier plus libéré, le second plus chargé.

Quoi d'étonnant ? Ils n'ont pas le même âge. Les dessins, tout nouveaux en moi, ceux-ci surtout, véritablement à l'état naissant, à l'état d'innocence, de surprise ; les mots, eux, venus après, après, toujours après... et après tant d'autres. Me libérer, eux ? C'est précisément au contraire pour m'avoir libéré des mots, ces collants partenaires, que les dessins sont élancés et presque joyeux, que leurs mouvements m'ont été légers à faire même quand ils sont exaspérés. Aussi vois-je en eux, nouveau langage, tournant le dos au verbal, des libérateurs.

Qui, ayant suivi mes signes sera induit par mon exemple, à en faire lui-même selon son être et ses besoins, ira, ou je me trompe fort, à une fête, à un débrayage non encore connu, à une désincrustation, à une vie nouvelle ouverte, à une écriture inespérée, soulageante, où il pourra enfin s'exprimer loin des mots, des mots, des mots des autres.

NOTE DE L'ÉDITEUR

Nous publions ici la version de *Face aux verrous* telle qu'elle a été éditée chez Gallimard en 1967 dans la collection Blanche. Le texte inaugural intitulé *Mouvements* a fait l'objet de plusieurs éditions illustrées. Nous reprenons ici la version du texte donnée dans l'édition de 1967 ainsi que les illustrations de l'édition originale de 1951 parue chez Gallimard dans la collection « Le point du jour » dirigée par René Bertelé. Nous donnons également la « postface » rédigée par l'auteur pour l'édition originale de *Mouvements*. Comme très souvent c'est le cas chez Michaux, les textes et les illustrations ont fait l'objet de multiples corrections au cours de leurs rééditions successives. La complexité des interventions de l'auteur justifierait un apparat critique qui alourdirait considérablement la lecture et qui paraîtrait déplacé dans une édition séparée d'une œuvre singulière. En revanche, les lecteurs trouveront le détail de ces variantes, ajouts et corrections dans l'édition de la Pléiade dirigée par Raymond Bellour et qui reprendra l'ensemble du dossier philologique.

ŒUVRES D'HENRI MICHAUX
1899-1984

MOMENTS, TRAVERSÉES DU TEMPS, 1973.

FACE À CE QUI SE DÉROBE, 1976.

CHOIX DE POÈMES, 1976.

POTEAUX D'ANGLE, 1981.

CHEMINS CHERCHÉS, CHEMINS PERDUS, TRANSGRESSIONS, 1982.

DÉPLACEMENTS, DÉGAGEMENTS, 1985.

AFFRONTEMENTS, 1986.

Aux Éditions Flinker

PAIX DANS LES BRISEMENTS, 1959.

VENTS ET POUSSIÈRES, 1962.

Aux Éditions du Mercure de France

L'INFINI TURBULENT, 1957.

Aux Éditions Skira

ÉMERGENCES, RÉSURGENCES, 1972.

DERNIÈRES PARUTIONS

Ce volume,
le deux cent cinquante-huitième de la collection Poésie,
a été reproduit et achevé d'imprimer
par l'Imprimerie Bussière
le 20 juin 1992.
Dépôt légal : juin 1992.
1ᵉʳ dépôt légal : mars 1992.
Numéro d'imprimeur : 2116.
ISBN 2-07-032706-X. / Imprimé en France.

57418